Max Kruse

Schelmengeschichten

Max Kruse

Schelmengeschichten

Illustriert von Sophie Schmid

C. Bertelsmann

Umwelthinweis:
Dieses Buch wurde auf chlorfrei gebleichtem
Papier gedruckt. Die Einschrumpffolie
(zum Schutz vor Verschmutzung) ist aus
umweltschonender und recyclingfähiger
PE-Folie.

Gesetzt nach den Regeln der Rechtschreibreform

1. Auflage 2000

Umschlagbild und Innenillustrationen: Sophie Schmid
Umschlagkonzeption: Klaus Renner
bm · Herstellung: Stefan Hansen
Satz: Uhl + Massopust, Aalen
Druck: GGP Media, Pößneck
ISBN 3-570-12587-4
Printed in Germany

TILL EULENSPIEGEL

Wer ist Till Eulenspiegel? 10
Wie Till Eulenspiegel auf dem Seil tanzte und ins Wasser musste 13
Wie Till Eulenspiegel den Schuhen das Fliegen beibrachte 18
Wie Till Eulenspiegel für Brot sorgte 23
Wie Till Eulenspiegel vom Balkon flog 27
Wie Till Eulenspiegel alle Kranken heilte 31
Wie Till Eulenspiegel Meerkatzen und Eulen buk 37
Wie Till Eulenspiegel sein Pferd mit goldenen Hufeisen beschlagen ließ 43
Wie Till Eulenspiegel einem Esel das Lesen beibrachte 48
Wie Till Eulenspiegel Hühner kaufte und einen Hahn als Pfand zurückließ 55
Wie Till Eulenspiegel drei Schneidergesellen bestrafte 59
Wie Till Eulenspiegel Wölfe machte 64
Wie Till Eulenspiegel als Hirt reich wurde 68
Wie Till Eulenspiegel die Bauersfrauen um ihre Milch brachte 73

DIE SCHILDBÜRGER

Wer sind die Schildbürger? 80
Wie die Schildbürger Bäume fällten und in ihre Stadt rollen ließen 84
Wie die Schildbürger ihr Rathaus bauten 90
Wie die Schildbürger Licht in ihr Rathaus trugen 96
Wie den Schildbürgern geholfen wurde 101
Wie sich die Schildbürger selber halfen 108
Wie die Schildbürger ihre Glocke retten wollten 113
Wie die Schildbürger ihre Glocke suchten 118
Wie die Schildbürger Salz ernteten 121
Wie die Schildbürger von einer Plage befallen wurden 127
Wie die Schildbürger einen Maushund kauften 132
Wie der Maushund in Schilda ausgesetzt wurde 138
Wie es kam, dass die Schildbürger ihr Schilda zerstörten 142
Wie sich die Schildbürger über die Welt verstreuten 148

MÜNCHHAUSEN

Wer ist Münchhausen? 154
Wie Münchhausen nach Russland ritt 158
Wie Münchhausen einem tollwütigen Hund entkam 164
Wie Münchhausen unerwartet zu einem Konzert kam 167
Wie Münchhausen im Türkenkrieg kämpfte 173
Wie Münchhausen auf der Kanonenkugel ritt 177
Wie Münchhausen einen Kirschenhirsch erlegte 181
Wie Münchhausen einen wunderbaren Hasen fand 185
Wie Münchhausen Enten auf eine Schnur fädelte 188

TILL EULENSPIEGEL

Wer ist Till Eulenspiegel?

Till Eulenspiegel steht am Anfang jeder Sammlung von Schelmengeschichten. Ihm gehört der Ehrenplatz. Er ist der König der Schelme.
Till Eulenspiegel lebte im Mittelalter – in einer Zeit also, in der ein Armer noch viel ärmer und rechtloser war als heute. Er stammte aus den untersten Schichten des Volkes. Um sich durchs Leben zu schlagen, brauchte er all seinen Verstand und all seinen Witz. Zimperlich konnte er nicht sein. Oft war er sogar verschlagen und boshaft. Oft betrog er. Till Eulenspiegel schaute den Menschen aber auch genau aufs Maul und nahm die Sprache wörtlich.
Besonders die einfachen Menschen hörten gerne die Geschichten von Till Eulenspiegel, denn Till war einer von ihnen: arm, aber dennoch klug und gewitzt. Tills Streiche brachten sie zum Lachen. Und so wurde ihr hartes Leben etwas leichter.

Nun könntet ihr fragen: Was soll denn der Name „Eulenspiegel“ bedeuten? Manche glauben, er soll bedeuten, dass Till den Menschen den Spiegel der Weisheit vorgehalten hat. Denn die Eule ist das Tier der Weisheit. Das ist eine hübsche Erklärung. Und irgendwie stimmt sie auch, weil Till am Ende immer der Klügere ist.
Aber eigentlich heißt „Eulenspiegel“ doch etwas ganz anderes. Im Niederdeutschen bedeutet „eulen“ so viel wie „fegen, putzen“ und „Spiegel“ bedeutet in der Sprache der Jäger „Hintern“. Der Eulenspiegel ist also einer, der den Leuten den Hintern putzt.

Wie Till Eulenspiegel auf dem Seil tanzte und ins Wasser musste

Schon als Kind wollte Till Eulenspiegel etwas Rechtes lernen, damit er gut durch das Leben käme. Er dachte: Vielleicht habe ich auf Jahrmärkten besonders leicht Erfolg, zum Beispiel als Gaukler, Spaßmacher oder auch als Seiltänzer. Denn dort kommen viele Leute zusammen und die Groschen sitzen locker. Dies vor allem gefiel ihm.
Aber es genügt nicht, etwas nur zu wollen, man muss es vor allem tun. Deshalb begann Till auf dem Dachboden seines Vaterhauses zu üben. Er spannte ein festes Seil zwischen zwei Balken und balancierte darauf herum. Er war geschickt und konnte es bald recht gut.
Seine Mutter aber sah es nicht gern, sie fürchtete nämlich, er könnte abstürzen und sich verletzen. Deshalb verbot sie es ihm: „Lass das, Till!“
Wie alle Kinder hörte Till nicht auf sie. Im

Gegenteil, er dachte, er sei nun schon geschickt genug, um eine öffentliche Vorstellung zu wagen.
Eines Tages spannte er also das Seil vom Dach seines Hauses zu dem gegenüberliegenden Haus, genau über den Fluss, der darunter gemächlich dahinfloss. Auf diesem Seil turnte er geschickt herum, er lief vorwärts und rückwärts, er stand auf einem Bein, er setzte sich nieder.
Am Ufer liefen viele Leute zusammen, die das Spektakel mit ansehen wollten. Sie reckten sich auf die Fußspitzen, verdrehten die Hälse und staunten über Till Eulenspiegels Geschicklichkeit. Und er war stolz.
Seine Mutter hörte den Beifall und schaute aus dem Küchenfenster. Sie erschrak. Sie dachte: Ich muss es ihm wohl erst beweisen, wie schlimm es ist, wenn er hinunterfällt. Und weil es ihrem Till ja kaum schaden konnte, schlich sie mit der Schere auf den Boden und schnitt das Seil ab, gerade als er in der Mitte über dem Fluss einen Handstand versuchte.
Da plumpste Till natürlich ins Wasser. Es spritzte hoch, ihm aber machte es nicht viel

aus. Er schwamm an Land und schüttelte sich, sodass die Tropfen sprühten.
Pudelnass schlich er nach Hause.
Die Leute an den Ufern aber waren schadenfroh. Sie lachten.
Dass er nass geworden war, ärgerte den Till nun nicht sehr und er nahm es seiner Mutter auch nicht weiter übel. Aber dass er verspottet wurde, fand er ungerecht. Schließlich konnte er ja nichts dafür, dass er herabgestürzt war. Er dachte: Euch werde ich es zeigen! Er nahm sich vor, es den Leuten gründlich heimzuzahlen, die mit dem Finger auf ihn gezeigt hatten.

Wie Till Eulenspiegel den Schuhen das Fliegen beibrachte

Till Eulenspiegel wartete einige Zeit. Dann zog er sich bunte Kleider an und spannte ein neues Seil. Diesmal aber hoch über dem Marktplatz.
Da kamen viele, viele Leute, wohl über hundert, Kinder und Greise, Frauen und Männer, Bettler und Handwerker. Sie staunten mit offenem Maul, wie der gelenkige Kerl auf dem Seil tanzte.
Till aber blieb stehen und rief hinab: „Gebt mir alle eure linken Schuhe. Ich will euren Schuhen das Fliegen lehren!“ Danach kletterte er an einer Hausfassade wieder hinab.
Die Leute waren nun sehr neugierig. Die allermeisten zogen ihre linken Schuhe aus.
Till Eulenspiegel aber hängte all diese Schuhe an eine zweite lange Schnur. Es war ein gehöriges Gewicht. Damit stieg er wieder auf das Seil und balancierte bis zur Mitte. Die

Schuhe hingen wie Würste um ihn herum und an ihm herab.
„Wann fliegen sie nun?“, riefen die Zuschauer von unten. Sie legten die Köpfe in den Nacken, sodass die Haare lang hinten herunterfielen – und manche Kappe dazu.
„Gleich“, antwortete der Till. Rasch schnitt er die zweite Schnur auseinander. Da purzelten all die Schuhe auf den Platz. Die Leute mussten auseinander springen, um nicht getroffen zu werden. Die Schuhe aber türmten sich zu einem großen Haufen.
„Nennst du das etwa Fliegen?“, murrten die Zuschauer.
Till Eulenspiegel aber hockte sich auf sein Seil und lachte: „Sie werden gleich fliegen! Sucht nur eure Schuhe wieder heraus!“
Die Menschen fielen übereinander, wühlten, suchten wild herum und schleuderten die Schuhe hinter sich.
Da flogen sie in hohem Bogen und lernten wirklich das Fliegen. Manche segelten wie Schwalben über den ganzen Platz, andere waren wie Tauben, die kurz aufstoben und sich gleich wieder niederließen. Manche Schuhe

flogen sogar in die gegenüberliegenden Fenster oder auf die Dächer, wo sie liegen blieben.
Und kein Einziger blieb auf dem Boden, im Haufen.
Und kaum einer der Suchenden, der Wühler und der Herauskramer konnte seinen Schuh rasch wieder finden. Denn in dieser Stadt gab es nur einen Schuhmacher, von dem alle Leute ihre Schuhe gekauft hatten. Deshalb glichen sie sich wie ein Spatz dem anderen. Sie waren kaum voneinander zu unterscheiden. Selten hat man auf dem Markt ein solches Gewühl erlebt. Die Menschen schrien, johlten und prügelten sich sogar.
„Das habt ihr nun davon, dass ihr mich ausgelacht habt“, sagte Till Eulenspiegel. „Denn wer zuletzt lacht, lacht am besten. So will ich es von heute an immer halten.“
Das war Tills Rache an den Spöttern.

Wie Till Eulenspiegel für Brot sorgte

Es herrschte große Not im Land. Die Mutter vom Till Eulenspiegel wusste nicht, wie sie ihre hungrigen Mäuler satt kriegen sollte. Sie seufzte und klagte.

Auch der Till zermarterte sich den Kopf, ob er nicht helfen könnte.

Schließlich hatte er eine Idee. Er nahm einen leeren Sack, schnitt unten ein Loch hinein, legte ihn auf seinen Karren und schob diesen in die nächste Stadt. Dort stellte er den Wagen in einer Seitengasse ab und ging mit dem Sack zu einem Bäcker. „Guter Mann“, sagte er. „Mein Herr schickt mich zu Euch, weil Ihr das würzigste Brot weit und breit backt. Ich soll für zehn Schillinge Brot holen, vom allerbesten Roggen und Weizen. Mein Herr wartet im Gasthof. Dort wird er Euch dann auch gleich bezahlen.“

Der Bäcker war geschmeichelt. Er zählte das Brot ab und füllte den Sack.

Dabei hielt Till Eulenspiegel das Loch geschickt zu. Dann schulterte er den Sack und ging.
Aber der Bäcker schickte seinen Lehrbuben mit, der sollte das Geld im Gasthof abholen. Unterwegs machte der Till das Loch heimlich auf und ließ das Brot auf die Gasse kollern. Dann jammerte er: „Ach, ach, so schmutziges Brot kann ich meinem Herrn doch nicht bringen! Er wird mich windelweich schlagen! Lauf schnell, mein lieber Bub, und hole mir neues!"
Der Lehrbub drehte um und rannte zurück, um anderes, sauberes Brot zu besorgen.
Till Eulenspiegel aber las alles auf und machte, dass er in die Seitengasse kam. Dort putzte er das Brot ab, legte es auf den Karren und fuhr davon.
Der Bäcker kehrte diesmal mit seinem Lehrbuben zurück, denn er ahnte nichts Gutes. Als er den Platz leer fand, rannte er zum Gasthof. Dort hatte man von diesem Fremden nie etwas gesehen.
Da wusste der Bäcker, dass er betrogen worden war. Doch er konnte sich trösten, weil

er noch die ganze Backstube voller Mehl und Teig hatte.
Till Eulenspiegel aber kehrte nach Hause zurück und rief: „Frage nicht, Mutter, sondern freu dich, dass wir alle einmal satt werden!“
Die Mutter dachte sich ihren Teil und schwieg. Sie wusste, dass es manchmal besser ist, nicht alles zu erfahren, vor allem, wenn man in Not ist.

Wie Till Eulenspiegel vom Balkon flog

Till Eulenspiegel wuchs, er wurde größer und pfiffiger.
Einmal kam er in die Stadt Magdeburg, wo er die Leute mit seinen Geschichten unterhielt. Bald war er so bekannt wie ein Hund mit zwei Köpfen. Und er merkte, dass man ihm alles glaubte, mochte er auch noch so dick auftragen.
Euch will ich eine kleine Lehre geben, dachte er.
Er zog durch die Straßen und verkündete so laut wie ein Marktschreier: „Um zwölf Uhr Mittag, wenn die Glocken läuten, werde ich vom Balkon des Rathauses hinabfliegen.“
Der Balkon war aber gut und gern so hoch wie fünf aufeinander stehende Männer. Wer da herunterfiel, brach sich also entweder die Beine oder das Genick. Denn damals gab es ja weder Fallschirme noch Flugzeuge.

Trotzdem glaubten die Leute dem Eulenspiegel, wie sie überhaupt gern alles Verrückte für wahr nahmen. Sie liefen vor dem Rathaus zusammen. Dort starrten sie neugierig und atemlos empor, um nur ja das wundersame Geschehnis nicht zu versäumen. Keiner von ihnen hatte schon einmal gesehen, dass ein Mensch wie ein Vogel durch die Luft flog. Sie warteten auf das Läuten.

Till Eulenspiegel stieg im Rathaus die Treppe empor. Er stellte sich auf das breite Geländer der Terrasse. Als die Glocken klangen und schallten, bewegte er die Arme auf und ab, wie Vogelflügel.

Sonst aber geschah nichts.

Dann zeigte er seinen leichtgläubigen Mitbürgern eine lange Nase.

Sie murrten und drohten mit den Fäusten zu ihm hinauf: „Nun flieg oder wir schlagen dich windelweich!“

Till Eulenspiegel brüllte hinab: „Ich dachte schon, es gäbe außer mir keinen Narren auf der Welt. Aber heute sehe ich, dass die ganze Stadt voll davon ist. Denn wenn ihr mir auch hoch und heilig geschworen hättet, dass ihr

fliegen könntet wie Tauben oder Schwalben: Ich hätte euch doch nicht geglaubt. Ihr aber haltet alles für bare Münze, was ich euch erzähle. Warum glaubt ihr einem Schelm wie mir? Wie sollte ich wohl fliegen können, da ich doch weder eine Gans noch ein Sperling bin und überhaupt nicht eine einzige Feder habe!"
Er kehrte rasch ins Rathaus zurück und sprang die Treppe hinab. Durch den Hinterausgang machte er sich aus dem Staub. Er wollte ja nicht verprügelt werden.
Die Leute aber ärgerten sich. Doch schließlich waren sie verständig und meinten: „Eigentlich hat er ja Recht und daran sieht man, dass er doch kein so großer Narr ist, wie er selber vorgibt."

Wie Till Eulenspiegel alle Kranken heilte

Till Eulenspiegel kam in die Stadt Nürnberg. Da nagelte er an die Kirchentür ein selbst geschriebenes Plakat, auf dem er sich als Arzt für jede Krankheit anpries.
Nun gab es in Nürnberg ein Spital, also ein Krankenhaus. Und der Spitalvogt hatte viele Kranke, die er gern wieder losgeworden wäre. Er ließ also Till Eulenspiegel zu sich bitten und fragte ihn: „Könnt Ihr jeder Krankheit abhelfen? Es soll Euch gut gelohnt werden!"
„Lasst mich nur machen", erwiderte Till Eulenspiegel. „Die allermeisten Eurer Kranken werden aufstehen, an Euch vorbeigehen und bestätigen, dass sie geheilt seien. Sie werden das Spital vergnügt verlassen. Ihr müsst mir aber zweihundert Gulden zahlen. Nur wenn ich keinen der Kranken dazu bringen sollte, nach Hause zu gehen, braucht Ihr mir keinen Pfennig zu geben!"

Dem Spitalvogt gefiel das. Er dachte, er könne letztlich sogar noch sparen, da die Pflege der Kranken ja viel Geld kostete. Er legte also Till Eulenspiegel gleich zwanzig Gulden auf die Hand und versprach ihm den Rest nach erfolgter Behandlung zu geben.
Till Eulenspiegel schritt würdig ins Spital und ging von Bett zu Bett. Er ließ sich von jedem Kranken erzählen, was ihm fehle. Wenn er fand, dass es nicht lebensgefährlich sei, beugte er sich zu ihm und flüsterte ihm ins Ohr:
„Höre gut zu, mein Freund. Was ich dir jetzt sage, darfst du niemals weitererzählen, denn ich sage es nur dir. Um die anderen zu heilen, muss der Kränkste von euch ausgesucht, verbrannt und zu feinem Aschepulver vermahlen werden. Dieses Pulver erhalten die anderen Kranken als Arznei. Das wirkt wahre Wunder! Wenn du also nicht verbrannt werden willst, dann pass gut auf. Ich werde mich neben den Spitalvogt an die Tür stellen und rufen: ‚Wer sich wohl fühlt, der komme heraus!' Verpass das nicht, denn der Letzte kommt ins Feuer!"
Das fuhr jedem in die Knochen. Und als nun

Till Eulenspiegel den Spitalvogt ersuchte, er möge sich mit ihm an die Tür stellen, spitzten alle Kranken die Ohren aus ihren Kissen. Dann rief Till Eulenspiegel sein Sprüchlein: „Wer sich wohl fühlt, der komme heraus!“

Da sah man die Federbetten zur Seite fliegen! Wer nur ein bisschen kriechen konnte, der stand auf und humpelte an die Tür. Sogar diejenigen hüpften aus dem Bett, die es seit Monaten nicht mehr verlassen hatten. Sie zogen an Till und am Spitalvogt vorbei, wobei sie so heiter wie möglich seufzten, stöhnten oder ächzten: „Ich bin geheilt!“

Nun war das Spital bald leer und Till Eulenspiegel hielt die Hand auf. Er bekam seinen Lohn. Er dankte, eilte davon und wunderte sich einmal mehr, wie leichtgläubig die Menschen sind und wie einfach es ist, ihnen einen Bären aufzubinden.

In Nürnberg aber vergingen keine drei Tage, da waren wieder alle Betten im Spital belegt und die Leute jammerten über ihre Gebrechen wie vordem.

„Wie ist das möglich?“, fragte der Spitalvogt.

„Ich habe doch mit eigenen Augen gesehen, dass euch ein großer Arzt geheilt hat!"
Da verrieten sie ihm, dass der letzte Kranke hätte verbrannt und zu Aschepulver vermahlen werden sollen.
Und der Spitalvogt merkte, dass er betrogen worden war. Aber Till Eulenspiegel war über alle Berge und der Spitalvogt sagte sich: Warum warst du auch so dumm! Gerade du hättest es ja besser wissen müssen. Es gibt doch niemanden außer Gott, der alle Gebrechen heilen kann!
Die Kranken aber verweilten so lange im Spital, wie sie auch geblieben wären, wenn Till Eulenspiegel sie nicht daraus aufgescheucht hätte.

Wie Till Eulenspiegel Meerkatzen und Eulen buk

Till Eulenspiegel reiste nach Braunschweig. Dort nahm er in einer Herberge Quartier und gab sich als Bäckergeselle aus.
Ein Bäckermeister, der seine Backstube in der Nachbarschaft hatte, hörte davon und fragte Till: „Willst du bei mir arbeiten? Ich brauche einen Gesellen."
„Warum nicht", antwortete Till. „Das ist ja mein Beruf." Also siebte Till Eulenspiegel das Mehl durch, er knetete Teig, er formte das Brot und steckte es in den Ofen – immer während der Nacht.
Der Meister arbeitete mit ihm.
Am frühen Morgen wollten die Leute ja das knusprige, frische Brot haben.
Eines Abends sagte der Meister zu Till: „Heute Nacht musst du alleine backen, Geselle. Ich gehe zur Versammlung der Zunftmeister und kann dir nicht helfen."

„Es ist recht“, antwortete Till. „Was soll ich aber backen?“
Der Meister war in Eile und ärgerte sich über diese Frage, die er dumm fand. Sie buken ja täglich ihr Brot. Er brauste sowieso leicht auf. „Backen wir etwa Eulen und Meerkatzen?“, rief er. „Mach doch, was du willst, aber lass mich in Ruhe!“
„Ganz wie Ihr wünscht, Meister“, antwortete Till.
Der Meister dachte sich nichts dabei und ging zur Versammlung der Zunftmeister, die immer in einer Zecherei endete und daher die ganze Nacht dauerte.
Till aber knetete den Teig und formte daraus sehr kunstvolle Eulen und Meerkatzen. Er drückte ihnen Augen ein und zog ihnen Mäuler breit. Till brachte sehr possierliche Tierchen zusammen.
Am Morgen war die Backstube voll davon und es duftete köstlich.
Da kam der Meister heim. Er hatte einen Brummschädel. „Was soll das?“, rief er aufgebracht. „Wie soll ich dieses Zeug verkaufen? Die Leute wollen Brötchen und weißes Brot,

aber doch keine Ungetüme! Mach dich aus dem Staub, Lümmel, aber bezahle mir erst den Teig!"
„Es ist recht, Meister", antwortete Till Eulenspiegel ruhig. „Aber wenn ich den Teig bezahle, dann darf ich doch alles mitnehmen, was ich gebacken habe."
„Tu es in Dreiteufels Namen und scher dich weg", war die Antwort.
Till Eulenspiegel bezahlte den Teig.
Der Meister legte sich ins Bett und schnarchte.
Till Eulenspiegel belud einen Wagen mit all den gebackenen Eulen und Meerkatzen und karrte ihn neben die Kirche.
Dort baute er seine Ware hübsch auf.
Es war gerade Nikolausmarkt. Da kamen viele Leute. Sie freuten sich über das Gebäck, denn sie hatten noch nie so etwas gesehen. Sie hielten es für eine besondere Delikatesse und kauften in Mengen.
Bald war Till alles bis auf den letzten Krümel los. Er hatte um ein Vielfaches mehr verdient, als ihn der Teig gekostet hatte. Nun hatte er einen prallen Beutel und verließ Braunschweig.
Als der Meister aus seinem Rausch erwachte,

erfuhr er davon. Er ärgerte sich sehr, griff sich an den Kopf und wollte vom Till mindestens noch das Feuerholz und die Benutzung der Backstube bezahlt haben. Aber er konnte nur noch den leeren Karren heimschieben. Till Eulenspiegel war längst nicht mehr zu sehen. Vor den Toren der Stadt warf er seine Mütze in die Luft. Er hatte nur getan, was ihm aufgetragen worden war – und es war doch sein Glück gewesen.

Wie Till Eulenspiegel sein Pferd mit goldenen Hufeisen beschlagen ließ

Till Eulenspiegel wurde berühmt und diente vielen Herren.
So ließ ihn auch der König von Dänemark an seinen Hof kommen. Die dänische Majestät sagte zu ihm: „Du sollst mich mit deinen besten Streichen unterhalten. Dafür bekommt dein Pferd den besten Hufbeschlag."
„Ist das bestimmt Euer Wort?", fragte Till.
„Gewiss", antwortete der König. „Halte dich nur genau daran."
„Dann ist es mir recht", sagte Till Eulenspiegel.
Er ritt sein Pferd zu dem berühmtesten Goldschmied von ganz Kopenhagen und ließ es mit reingoldenen Hufeisen beschlagen.
Dann führte er es behutsam zum König zurück und sagte: „Nun bezahlt den Beschlag!"
Der König guckte nicht hin und wies seinen

Schatzmeister an, die Sache zu regeln.
Der Schatzmeister dachte, dass er einen gewöhnlichen Hufschmied bezahlen sollte.
Till Eulenspiegel aber ließ den Goldschmied kommen, der mehr als hundert Kronen verlangte.
Da hob der Schatzmeister entsetzt beide Hände und weigerte sich. Er eilte zum König.
Der König runzelte die Stirn und sagte zu Till: „Was fällt dir ein? Wenn ich alle meine Pferde mit Gold beschlagen lassen wollte, müsste ich

bald Land und Leute verkaufen. So haben wir nicht gewettet!“

„Das wundert mich“, antwortete Till Eulenspiegel, „denn Ihr sagtet doch deutlich, es dürfe der beste Hufbeschlag sein und ich solle mich genau an Euer Wort halten!“

Der König dachte nach. „Du bist allerdings der beste Diener, den ich je hatte. Denn du führst aufs Wort genau aus, was ich dir sage“, meinte er schließlich. Er lachte und ließ den Goldschmied bezahlen.

Till aber brachte sein Pferd zum Hufschmied, ließ die goldenen Eisen entfernen und eiserne aufnageln. Er machte die goldenen Hufeisen zu Silber und blieb beim König von Dänemark, bis dieser die Augen zur letzten Ruhe schloss.

Wie Till Eulenspiegel einem Esel das Lesen beibrachte

Till Eulenspiegel zog wieder durch die Lande und kam nach Erfurt.
Dort gab es eine berühmte Universität mit hochgelehrten Professoren. Die hatten vom Eulenspiegel gehört und dachten: Wir wollen uns von ihm nicht aufs Glatteis führen lassen, sondern ihm eine besonders schwere Aufgabe stellen.
Der Rektor zog die Professoren in eine Ecke und tuschelte mit ihnen. Sie machten aus, dass sie dem Eulenspiegel einen Esel in die Lehre geben wollten. Esel gab es schließlich genug in der Stadt und sogar nicht nur solche mit langen Ohren.
Nun – der Rektor der Universität ersuchte Till Eulenspiegel höflichst, zu ihm zu kommen. Und er redete ihn so an: „Verehrter Meister! Ihr behauptet, dass Ihr jedem Geschöpf das Lesen beibringen könnt. Wir Professoren

möchten dies zu gern erleben, denn es wäre ein Triumph für die Wissenschaft. Daher übergeben wir Euch einen jungen, begabten Esel. Traut Ihr Euch zu, ihn das Lesen zu lehren?“

„Ich traue es mir schon zu“, antwortete Till Eulenspiegel. „Die Frage ist nur, was der Esel dazu sagt. So ein Esel ist ein zu unvernünftiges Tier. Jedenfalls brauche ich viel Zeit. Bei so einem Schüler sind zwanzig Jahre nicht zu viel. Und ihr müsst mir fünfhundert Taler geben.“

Zwanzig Jahre waren eine lange Zeit. Und fünfhundert Taler waren viel Geld.

Der Rektor besprach sich wieder mit seinen Professoren. Sie dachten aber, die Sache sei es wert.

Till Eulenspiegel aber rechnete so: In zwanzig Jahren kann viel geschehen. Wir sind drei, der Rektor, der Esel und ich. Stirbt der Rektor, so fragt mich keiner mehr. Sterbe ich, so kann mich keiner mehr fragen. Und stirbt mein Schüler, dann ist die Sache auch erledigt. So ließ er sich den Esel zuführen, nahm das Geld und überlegte, wie er den Spaß zu einem lustigen Ende bringen könne.

Er quartierte sich in einer Herberge ein und

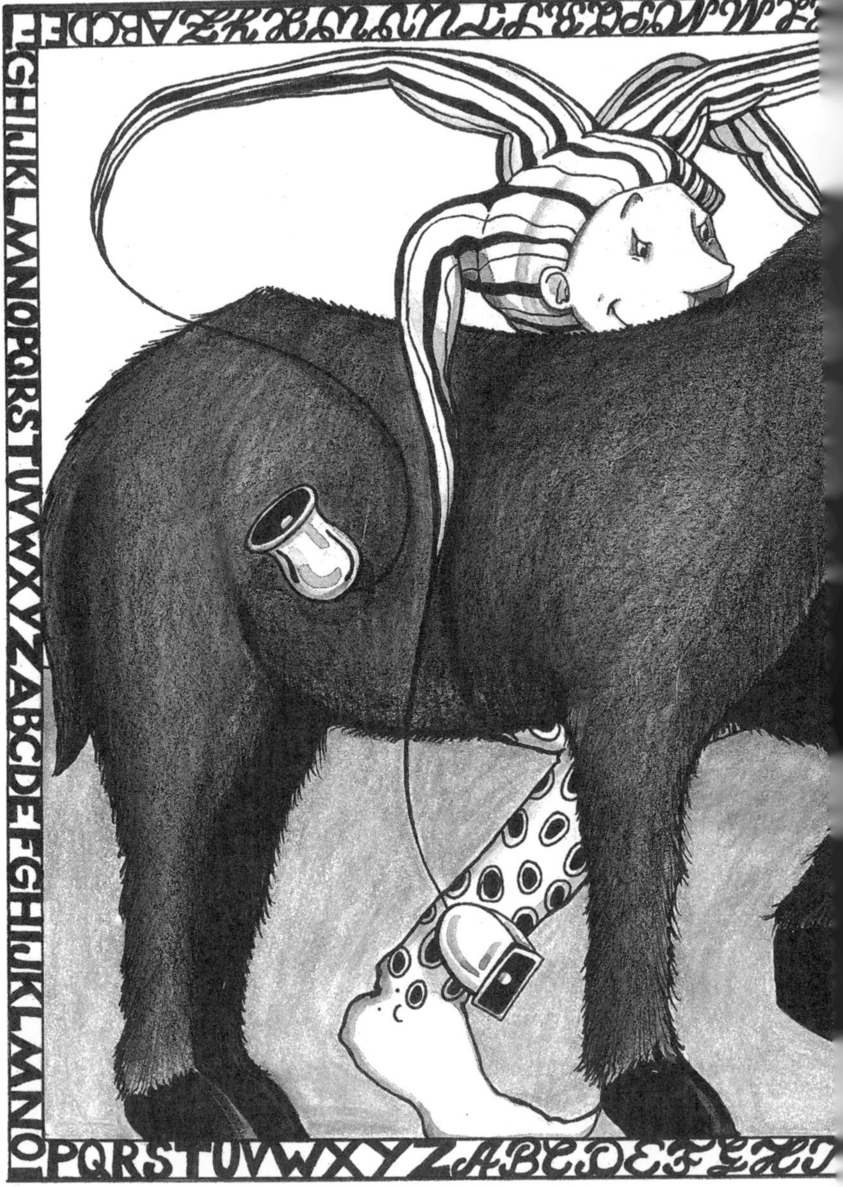

ABC

mietete im Stall einen Verschlag für den Esel. Er kaufte beim Buchhändler ein besonders großes Psalmenbuch. Er ließ den Esel ein wenig hungern, dann tat er einige Haferkörner zwischen die Seiten und legte das Buch in die Krippe.
Der hungrige Esel roch den Hafer. Er schnupperte und wendete die Blätter mit dem Maul, um daran zu kommen. Fand er etwas, kaute er zufrieden, fand er nichts, schrie er: „Iii-ahhh, iii-ahhh!"
Als drei Wochen vergangen waren und sich Till Eulenspiegel seiner Sache sicher war, dachte er: Das geht wie gewünscht. Der Esel hat genug geübt. Er ließ ihn wieder ein wenig hungern, ging zum Rektor und sagte: „Euer Magnifizenz! Die Fortschritte meines Schülers berechtigen zu den schönsten Hoffnungen. Kommt und seht, wie weit der Esel es schon gebracht hat."
„Aber lernt dieser Schüler denn wirklich etwas?", fragte der Rektor erstaunt.
„Nun ja, gerade er ist ein grober Geselle", antwortete Till. „Ich brauche wirklich ein Übermaß an Geduld. Aber trotzdem habe ich

ihn dazu gebracht, einige Buchstaben zu entziffern."
„In jedem beliebigen Buch?", fragte der Rektor.
„Nehmt nur eines mit", sagte Till. „Die einzige Bedingung ist, dass die Seiten und die Buchstaben nicht zu klein für meinen Esel sind."
Der Rektor ließ die Professoren rufen. Neugierig eilten sie in den Stall. Sie hatten ein Buch des griechischen Gelehrten Aristoteles mitgebracht. Sie dachten, das sei gewiss zu schwierig für den Esel. Da nun der Esel aber hungrig war, blätterte er gleich vor und zurück. Und da er keinen Hafer fand, hob er sein Haupt, bleckte seine Zähne und jammerte: „Iii-ahhh, iii-ahhh!"
„Hört nur gut hin", rief Till Eulenspiegel. „Hört nur ganz genau zu! Die beiden Buchstaben i und a beherrscht er bereits. Er wird gewiss bald weitere Fortschritte machen!"
Der Rektor und die Professoren kratzten sich hinter den Ohren. Sie wussten nicht recht, was sie davon halten sollten. Sie nickten also und schritten würdig davon, indem sie dachten: Kommt Zeit, kommt Rat, und in zwanzig

Jahren kann wohl selbst der dümmste Esel lesen lernen!
Till Eulenspiegel aber fütterte sein braves Tier wieder und gab sich keine Mühe mehr mit ihm. Denn, so sagte er sich, wollte ich allen Eseln von Erfurt das Lesen beibringen, dann müsste ich mich mein ganzes Leben lang wie ein Narr plagen. Und das passt mir nicht.
Er verließ die Stadt also wieder. Er hatte aber auch Glück, denn der Rektor starb wirklich bald darauf und die anderen vergaßen die Sache.

Wie Till Eulenspiegel Hühner kaufte und einen Hahn als Pfand zurückließ

Till Eulenspiegel wanderte über Land. So kam er auch in die Stadt Quedlinburg.
Es war gerade Markt. Viele Stände waren da aufgebaut mit Getreide, Kohlköpfen und Würsten. Man sah aber auch Krüge, Töpfe und bunte Bänder. Die Leute drängten sich durch die Reihen.
Bei einer Bäuerin blieb Till Eulenspiegel stehen. „Ich möchte einen Korb Hühner mit einem Hahn haben", sagte er. Er hatte Appetit auf gebratenes Geflügel.
„Recht gern", antwortete die Bäuerin. Till suchte sich einen Korb mit Hühnern und einem Hahn aus. Dann hing er sich den Henkel über den Arm und schritt wortlos davon.
Da lief die Bäuerin hinter ihm her. „He", rief sie erbost. „Wenn Ihr nicht bezahlen wollt, gebt den Korb wieder her."

„Gute Frau“, erklärte Till Eulenspiegel mit Würde. „Ich bin der Schreiber vom Kloster. Die Frau Äbtissin wird Euch das Geld schicken.“

„So könnt Ihr mir nicht kommen, damit will ich nichts zu tun haben“, zeterte die Bäuerin. „Man hat mich gelehrt, keinem Menschen zu trauen. So traue ich auch Euch nicht, nicht dem Kloster und nicht der Frau Äbtissin, mag sie auch noch so fromm sein.“

„Da tut Ihr sehr unrecht“, sagte Till Eulenspiegel ernst. „Aber damit Ihr seht, dass Ihr mir vertrauen könnt, lasse ich Euch den Hahn zum Pfand. Gebt ihn mir nur dann wieder heraus, wenn die Hühner bezahlt werden. Ihr seht, dass ich mich auf Euer Wort verlasse. Also schämt Euch, weil ich mehr Vertrauen zu Euch habe als Ihr zu mir. Denn ich gebe Euch den Hahn ja ohne Bürgschaft!“

Diese Worte verwirrten die Bäuerin sehr. Aber der Handel leuchtete ihr dennoch ein. Sie nahm den gackernden Hahn mit schlechtem Gewissen und kehrte an ihren Stand zurück.

Till Eulenspiegel aber wanderte aufs Land,

schlug sich in die Felder, zündete Reisig an und brutzelte sich die Hühner.
Die Bäuerin hat ihr Geld nie gesehen.
So kann es kommen, wenn man zu Recht misstrauisch ist und zu Unrecht Vertrauen hat.

Wie Till Eulenspiegel drei Schneidergesellen bestrafte

Ein andermal lebte Till Eulenspiegel eine Zeit lang in einer kleinen Stadt und ging immer dieselben Wege.
Da gackerten die Hühner auf den Straßen, da standen Misthaufen, da grunzten die Schweine und da meckerten die Ziegen – nicht zu vergessen die blökenden Schafe, denn zu dieser Zeit lebten die Tiere noch mit den Menschen innerhalb der Stadtmauern.
Nun saßen in der Nähe des Marktes drei Schneidergesellen vor der Werkstatt ihres Meisters auf einem Freisitz, der von Holzpfosten gestützt wurde. Es war eine recht wackelige Angelegenheit. Diese Gesellen lästerten gern über die vorbeigehenden Leute und riefen ihnen Spottworte nach. So vertrieben sie sich die Zeit.
Till Eulenspiegel aber ärgerte es, dass sie sich über seine auffällige Kleidung und seine langen

Haare lustig machten. Sie warfen ihm Stofffetzen nach, damit er sie sich an den Rock nähen lasse. Und sie nannten ihn einen Papagei, dem sie gerne noch einige Federn schenken wollten.
Euch werde ich es zeigen, dachte Till und überlegte. Er überlegte aber nicht nur, sondern er schaute auch genau hin. Und da sah er, dass die Schweine die Angewohnheit hatten, sich an den Pfosten, über denen die Schneidergesellen hockten, die Rücken zu reiben.
So ging Till Eulenspiegel also vor dem nächsten Markttag in der Nacht hin und sägte die Pfosten heimlich so weit durch, dass die Teile gerade noch aufeinander standen und notdürftig hielten.
Am Morgen spazierte er langsam bei den Schneidergesellen vorbei. Diese waren nicht faul und riefen: „Seht unseren Narren in den grünen Hosen!“
Till Eulenspiegel schwieg. Er sah, dass die Schweine sich wieder scheuerten. Sie drückten gegen die Schnittstellen. Die Stützen knickten ein und der Freisitz kippte zur Seite. Unsere Schneidergesellen purzelten in den Mist.

„Seht her, seht her“, rief Till Eulenspiegel, so laut er konnte, und alle Leute liefen zusammen. „Seht nur, wie windig die Schneidergesellen sind, dass sie der kleinste Luftzug in den Dreck wehen kann!“
Da lachten die Leute und die Schneidergesellen brauchten für den Spott nicht mehr zu sorgen. Und wenn Till Eulenspiegel in Zukunft vorbeiging, steckten sie ihre Nasen ganz tief in ihre Näharbeit und taten, wie wenn sie ihn nicht sähen.

Wie Till Eulenspiegel Wölfe machte

In Berlin lebte ein Kürschner, der kam aus Schwaben. Er war sehr geschickt und fleißig. Er hatte immer viel zu tun und hatte gute Kundschaft.

In einem Winter nun sollte bei Hof ein großes Fest gefeiert werden. Da wollte jeder dabei sein, möglichst gut aussehen und außerdem keinesfalls frieren. Also eilten die Leute zum Kürschner und bestellten Wolfspelze in Mengen. Denn es gibt wenig, was besser wärmt und eleganter kleidet.

Till Eulenspiegel hielt sich gerade in der Stadt auf. Er hörte davon und ging ebenfalls zu dem Kürschner. „Meister, braucht Ihr Hilfe?“, fragte er.

„Hilfe könnte ich wohl brauchen“, antwortete der Kürschner. „Ich weiß ja kaum, wo mir der Kopf steht. Wenn du also Wölfe machen kannst, dann bist du mir willkommen! Und über den Lohn werden wir uns leicht einig.“

„Wölfe kann ich wohl machen. Ihr müsst mir nur die Felle geben. Ich bin freilich ein wenig eigen – ich schaffe am besten allein, wenn mich niemand stört und mir über die Schulter schaut. Auch das Schwätzen und Plappern ist mir zuwider."

„Das gefällt mir, so bist du fleißig", antwortete der Kürschner. „Du bekommst eine Stube für dich allein und wir lassen dich in Ruhe."

So geschah es. Till Eulenspiegel saß allein unter vielen Wolfsfellen, die er zu Pelzen verarbeiten sollte. Der Kürschner schrieb ihm die Maße auf, große und kleine. Und Eulenspiegel schnitt zu, nähte, stopfte Heu in die Körper und befestigte die Beine mit Stecken – kurz, er machte ausgestopfte Wölfe. Sie sahen erschreckend echt aus.

Als er keine Felle mehr hatte, ging er zum Kürschner und sagte: „Meister, die Wölfe sind fertig. Habt Ihr noch mehr zu tun?"

Der Kürschner war froh und gab ihm noch mehr Felle.

Eulenspiegel schaffte weiter. Er wirkte mit Eifer und Lust.

Endlich aber kam der Meister, um die fertigen

Wolfspelze abzuholen. Als er in die Stube trat, starrte ihm gleich ein Rudel Wölfe entgegen, große und kleine. Da prallte er zurück – und als er sich endlich von seinem Schrecken erholt hatte, zeterte er: „Du gehörst in ein Loch! Warum hast du mir so einen Schaden zugefügt?“

„Meister, nun bin ich enttäuscht“, antwortete Till Eulenspiegel. „Ich habe hart gearbeitet. Ich machte nur, was Ihr mir angeschafft habt. Ihr sagtet, ich solle Wölfe machen. Das führte ich aus. Hättet Ihr Wolfspelze von mir haben wollen, so hätte ich auch das getan. Es ist schlimm, wenn man so wenig Dank für seine Mühe erntet.“

Till Eulenspiegel musste Berlin verlassen. Man weinte ihm keine Träne nach.

Wie Till Eulenspiegel als Hirt reich wurde

Till Eulenspiegel wollte es wieder einmal bei einem Fürsten versuchen.
Der Herr von Braunschweig war ihm gerade recht. In seinem Land lagen viele wohlhabende Städte.
Till Eulenspiegel ging zum Fürsten und schlug ihm vor, als sein Hirt zu arbeiten. Lohn verlange er keinen, er käme schon so zurecht.
Der Fürst dachte: So wünsche ich mir alle Knechte, und war einverstanden.
Till Eulenspiegel aber schrieb an die nächste größere Stadt. „Da Ihr gute Weiden habt, werde ich die Herde Seiner Hoheit zu Euch treiben und sie darauf weiden. Denn für des Fürsten Herde ist mir das Beste gerade gut genug."
Da erschraken die Räte, denn sie dachten: Des Fürsten Herde ist sehr groß. Wenn sie auf unseren Wiesen weidet, dann bleibt für unser

eigenes Vieh kein Halm mehr übrig. Es leidet Hunger, magert ab und muss zur Notschlachtung geführt werden.

Sie steckten die Köpfe zusammen, berieten lange und schickten Till zwanzig Gulden, damit er sie verschone.

Das lässt sich gut an, dachte dieser und schrieb an die nächste Stadt. Dort hatte man schon von dem Handel gehört und wollte nicht dümmer sein. Man dachte sich genauso aus der Schlinge zu ziehen.

Und da es auch bei dieser zweiten Stadt nicht blieb, wurde Till Eulenspiegel bald reich. Er ließ sich vom besten Schneider einen neuen Rock anmessen und sparte nicht mehr.
Das kam dem Fürsten zu Ohren. Er wunderte sich. „Kannst du zaubern? Wie ist das denn möglich?", fragte er Till.
„Herr", antwortete dieser, „es gibt wohl kein Handwerk, das nicht einen goldenen Boden hätte. Man muss nur wissen, wo er zu finden ist."
„Das solltest du mir beibringen", meinte der Fürst. „Von dir könnte ich wohl noch etwas lernen."
Da aber die Weide des Fürsten kahl gefressen war, erschien es Till Eulenspiegel besser, weiterzuziehen.

Wie Till Eulenspiegel die Bauersfrauen um ihre Milch brachte

Till Eulenspiegel wurde immer erfinderischer darin, mit den Leuten seine Possen zu treiben. Einmal kam er in die Gegend von Bremen. Da war Markt.

Till sah, dass die Bauersfrauen gute Geschäfte mit Milch machten. Deshalb suchte er einen Fassbinder auf und erwarb von ihm das größte Holzfass. Er schleppte es auf den Platz. Er setzte sich mitten unter die Weiber und verkündete: „Ich möchte so viel Milch kaufen, wie mein Fass fasst!“

Die Bauersfrauen hörten das kaum, da waren sie auch schon bei ihm. Eine jede wollte zuerst das Geschäft machen. Ohne viel zu fragen, schütteten sie die Milch aus ihren Kannen in das große Fass von Till Eulenspiegel.

Er erklärte: „Ich bezahle, wenn ich alle Milch habe!“

Nachdem die Bauersfrauen ihre Kannen

geleert hatten, setzten sie sich der Reihe nach im Kreis um Till Eulenspiegel.
Sie plapperten, schwatzten miteinander und warteten. Endlich kam die letzte Bäuerin an die Reihe und schüttete ihre Milch in das Fass. Nun war es auch voll.
Da stand Till Eulenspiegel auf und sagte: „Damit ich dieses große Fass kaufen konnte, musste ich heute all mein Geld ausgeben. Ich musste es aber tun, um für eure Milch ein Gefäß zu haben, sonst hätte ich diese ja nicht kaufen können. Das wäre ein schlechtes Geschäft für euch gewesen. Ihr müsst mir also dankbar sein. Und es ist auch gar nicht schlimm. Ihr braucht nur vierzehn Tage zu warten, dann habe ich wieder einen vollen Beutel und werde euch redlich bezahlen. Wenn ihr aber nicht so lange warten wollt, dann ist mir das auch recht. Es braucht dann nur eine jede genau ihre eigene Milch wieder aus dem Fass zurückzunehmen.“ Damit stand er auf und ging fort.
Die Bäuerinnen aber begannen zu zetern. Denn jetzt war ja alle Milch gemischt und keine konnte genau ihre Milch wieder-

bekommen. Sie stritten aber auch darüber, wie viel die eine und wie viel die andere in das Fass geschüttet hätte. Dabei betrogen sie einander fleißig. Denn nun wollte jede gewinnen und mehr Milch aus der Bütte holen, als sie hineingetan hatte.
Sie übertrieben also alle maßlos und wollten sich gegenseitig darin auch noch übertrumpfen. Darüber gerieten sie immer mehr in Zorn, bis sie ihre Kannen erregt in die Bütte tauchten, Milch daraus schöpften und sich damit voller Wut übergossen. Bald trieften sie und der Platz sah aus wie nach einer Überschwemmung. Überall schimmerten weiße Seen und Pfützen und das Fass war leer.
Da mussten sie alle als Geprellte nach Hause gehen und eine jede hatte genauso viel wie die andere, nämlich nichts.

DIE SCHILDBÜRGER

Wer sind die Schildbürger?

Auf den ersten Blick könnte man meinen, die Schildbürger seien gar keine Schelme, sondern nur Dummköpfe. Aber in Wahrheit sollen die Schildbürger sogar sehr kluge Leute gewesen sein. Sie waren so angesehen, dass sich die Regierenden von weit her darum bemühten, sie als Ratgeber an ihre Höfe zu ziehen. So sehr wurden die Bürger von Schilda bedrängt, dass sie sich gar nicht erwehren konnten. Immer mehr kluge Schildbürger gingen als Berater ins Ausland und zurück blieben nur die Narren – sagt man.
Aber was war mit den Klugen, die nicht fortwollten?
Vielleicht stellten sie sich nur dumm, um sich vor der Auswanderung zu drücken.
Vielleicht dachten sie: Solange wir zu Hause bei unseren Familien bleiben können, sollen sie uns ruhig alle für Narren halten! Je dümmer wir uns stellen, desto eher lassen sie uns in

Ruhe. Welcher Fürst will schon einen Ratgeber, der Rathäuser ohne Fenster baut? Welcher König bemüht sich um einen Mann, der Salz sät und sich wundert, dass es nicht wächst?
Vielleicht also halten die Schildbürger nur alle anderen zum Narren. Und die Schildbürger sind die Klügsten von allen, also die größten Schelme. Aber vielleicht ist es nicht so einfach, die Narrheit von der Weisheit zu unterscheiden. Oder könnt ihr das?

Wie die Schildbürger Bäume fällten und in ihre Stadt rollen ließen

Die Schildbürger bewohnten eine schöne Stadt, die hieß Schilda. Diese Stadt war von einer hohen Mauer umgeben. Schwalben segelten um die spitzen Dächer. In den Gassen gackerten Hühner und grunzten Schweine. Die Menschen waren wohlhabend und zufrieden. Sie meinten: „Eine schöne Stadt muss auch gut verwaltet werden. Eine gute Verwaltung braucht ein schönes Rathaus. Wir wollen uns ein Rathaus bauen.“

Der Stadtwald von Schilda lag in einem Tal. Um dorthin zu kommen, musste man über einen Berg steigen. In aller Morgenfrühe zogen die Schildbürger durch ihr Stadttor. Sie hatten Sägen bei sich, trugen Seile und schulterten Äxte. Sie kraxelten den Berg im Westen hinauf und rutschten auf der anderen Seite im Osten wieder hinab.

Als sie in ihrem Wald angekommen waren,

machten sie sich gleich ans Werk. Sie sägten die Stämme durch und trieben Keile in die Schnittstellen. Sie warfen die festen Seile um die Wipfel und zogen mit aller Kraft, bis die Bäume niederbrachen, sie schlugen die Äste ab und schälten die Rinden. Ihr Schweiß rann in Strömen. Aber da lagen die Baumstämme hell und glatt in der Mittagssonne.

Und die Schildbürger legten eine Pause ein, aßen und tranken und waren guter Dinge. Sie freuten sich. Die Stämme sahen nun fast aus wie Pfeile – nur natürlich: wie riesengroße Pfeile.

„Wenn wir nur einen sehr großen Bogen hätten! Dann könnten wir sie in die Stadt schießen", seufzte einer. Sie spürten ja bereits ihre Knochen.

„Wir haben aber keinen so großen Bogen und auch keine so große Armbrust", antwortete ein anderer. Aber das machte eigentlich auch wieder nichts, denn wer hätte schon die Kraft gehabt, einen so großen Bogen oder eine so große Armbrust zu spannen? Keiner!

Das sahen alle ein. Also blieb ihnen nichts anderes übrig, als die Baumstämme den Berg

im Osten hinauf- und auf der anderen Seite im Westen wieder hinabzuziehen. Sie befestigten ihre Seile daran und schleppten und zogen. Sie schleiften und zerrten. Sie brauchten viel Kraft und sehr viel Mühe. Da vergossen sie viele Schweißtropfen.

Endlich war nur noch ein Baumstamm unten. Auch diesen schleppten sie den Berg im Osten hinauf. Oben schimmerte er hell in der Nachmittagssonne. Und es war nur ein Zufall, dass er sich löste und sich von alleine in Bewegung setzte. Er rollte den ganzen Abhang im Westen hinunter. Da lag er dann neben all den anderen, die sie mühsam hinabgeschleift hatten.

„Was für Toren wir doch waren“, riefen die Schildbürger. „Die Baumstämme rollen doch wunderbar ganz von selbst den Berg hinab!“

„Ja, wir waren Toren, aber das lässt sich doch wieder ändern“, meinten andere. „Fehler sind dazu da, dass man sie berichtigt. Glücklicherweise sind die Stämme ja noch nicht in der Stadt. Packt an! Zurück, marsch, marsch!“

Mit unendlicher Mühe und unendlich vielen Schweißtropfen zerrten sie alle Baumstämme den Abhang im Westen wieder hinauf. Die

Schildbürger waren am Ende ihrer Kräfte, als sie endlich in der untergehenden Sonne wieder oben lagen. Am liebsten hätten sie sich gleich dazugelegt und sich ausgeschlafen. Aber die Arbeit war noch nicht getan. Jetzt mussten die Baumstämme ja wieder den Berg hinabgerollt werden. Hei, wie das polterte. Als der Mond aufging, war es geschafft. Und die Schildbürger freuten sich.
„Wie gescheit wir doch sind“, riefen sie und fanden, dass es der Mühe wert gewesen war. Mit schmerzenden Knochen und krummen Rücken zogen sie heim, durch ihr Stadttor. Da war es schon Nacht.

Wie die Schildbürger ihr Rathaus bauten

Als die Schildbürger das Holz in der Stadt hatten, überlegten sie, wie sie das schönste Rathaus der Welt bauen könnten. „Es soll ein Rathaus sein, wie es in keiner anderen Stadt der Welt zu sehen ist“, erklärten sie.
Sie zogen also auf den viereckigen Marktplatz, wo das Rathaus stehen sollte. Sie maßen die Baustelle ab, sie schritten links herum und schritten rechts herum. Sie guckten in die Luft und kratzten sich im Nacken.
„Das Rathaus muss besonders hoch werden“, meinte einer.
„Nein, das Rathaus muss so niedrig sein, dass man darüber hinwegsehen kann“, meinte ein anderer. „Dann erkennt man von überallher, wie gelungen die Häuser sind, die drum herum stehen.“
Es wurden viele Vorschläge gemacht. Rund sollte das Rathaus sein oder wie ein Würfel.

Schließlich hatte einer die beste Idee: „Drei-
eckig!“, rief er. „Ein dreieckiges Rathaus.
Davon habe ich noch niemals gehört!“
Sie überlegten, sie drehten und wendeten den
Vorschlag hin und her, sie ließen ihn auf den
Zungen zergehen. Und weil keiner wusste, wo
auf der Welt es sonst noch ein dreieckiges
Rathaus gäbe, stimmten sie schließlich feierlich
über diesen Vorschlag ab. Er wurde einstimmig
angenommen, mit Handaufheben. Dann
machten sich unsere Schildbürger an die
Arbeit. Der Zimmermann fügte die Balken zu
Fachwerk zusammen. Die Zwischenräume
wurden mit Lehm und Mauerwerk ausgefüllt,
wie es sich gehört.
Das Rathaus wuchs. Dann musste das Dach
hinauf. Das war keine leichte Sache, denn drei-
eckige Dächer erfordern ein besonderes
Können, das weiß jeder, der es schon einmal
versucht hat.
Schließlich aber gelang auch das und das drei-
eckige Rathaus mit dem dreieckigen Dach
stand auf dem viereckigen Platz in der Sonne.
Es sah wirklich einmalig aus.
„Hinein!“, riefen die Schildbürger. Alle

drängten durch die Tür und zogen sie hinter sich zu.
Da war es stockdunkel! Finstere Nacht! Nirgends ein Lichtschein! Sie traten sich gegenseitig auf die Füße, sie stießen sich, sie rempelten sich an, sie tappten mit ausgestreckten Händen herum und tasteten sich an den Wänden entlang wie Blinde.
„Tür auf, Tür auf!“, schrie der Klügste. Nach langem Suchen gelang es, die Türklinke zu finden. Da wurde es ein wenig hell und sie konnten den Ausgang erreichen. Und wieder standen sie auf dem Platz. Sie schritten links um ihr Rathaus herum und schritten rechts um ihr Rathaus herum. Sie guckten das dreieckige Gebäude an.
„Es ist wunderschön“, riefen sie. „Aber irgendeinen Fehler müssen wir doch gemacht haben.“ Da kratzten sie sich im Nacken und nickten.
Schließlich tröstete sie wieder der Klügste. Er sagte: „Freunde, erinnert euch an das alte Sprichwort: Kommt Zeit, kommt Rat.“
„Du meinst also: Kommt Zeit, kommt Licht?“, fragten sie hoffnungsvoll.

„Zumindest können wir es doch ausprobieren“, rief der Erste wieder.
Also beschlossen die Schildbürger zu warten, ob Rat und mit ihm auch das Licht käme.

Wie die Schildbürger Licht in ihr Rathaus trugen

Die Schildbürger warteten lange. Aber sie ließen die Zeit nicht ungenutzt verstreichen. Jeder überlegte auf seine Weise, wie das Problem gelöst werden könne. Sie zündeten Kerzen an und wanderten mit ihnen durch ihr Rathaus. Da wurde es zwar ein wenig heller, aber es war doch nur ein matter Schein.
Endlich sagte der Kluge. „Freunde, in unserem Rathaus ist es dunkel!“ Das war zwar richtig, brachte sie aber auch nicht weiter.
Doch der kluge Mann fuhr fort: „Wo es dunkel ist, mangelt es an Licht.“ Auch das war richtig.
Die Schildbürger warteten aber immer noch, welche Folgerungen aus diesen Erkenntnissen zu ziehen seien.
Der Kluge erklärte: „Wo etwas fehlt, muss man es hinzutun. Ist mein Krug leer, dann gehe ich an den Brunnen, schöpfe Wasser und fülle

ihn. Ist mein Sack leer, dann fahre ich in die Mühle und lasse Mehl hineinschaufeln. Ist mein Korb leer, dann gehe ich in meinen Verschlag und lege Holzscheite hinein."
„Das wissen wir alle", wurde erwidert. „Aber was folgt daraus?"
„Die Antwort ist nun leicht", sagte der Kluge. „Man muss nur nachdenken und danach handeln. Was meinem Krug recht, dem Sack billig und dem Korb angemessen ist, das muss es auch für unser Rathaus sein. Freunde! Auf! Auf! Wir wollen es mit Licht füllen!"
Jetzt verstanden plötzlich alle.
Sie rannten nach Hause, sie liefen in ihre Ställe, sie eilten in ihre Schuppen. Sie schleppten alles an, was sie finden konnten. Sie kamen mit leeren Säcken, sie kamen mit leeren Krügen, sie kamen mit leeren Körben, sie kamen mit leeren Schachteln, sie kamen mit leeren Kisten. Und natürlich kamen sie auch mit Spaten, Schaufeln und Mistgabeln.
Dann begann auf dem Marktplatz ein fleißiges Sammeln. Sie schaufelten das Licht auf und gaben Acht, dass es ihnen nicht vom Spaten glitt. Sie schöpften die Strahlen und bemühten

sich, auch nicht einen einzigen zu verschütten. Sie hielten die Säcke geöffnet der Sonne entgegen und achteten darauf, dass ihre Strahlen bis auf den Boden schienen. Sie hoben und hievten, sie schippten und gossen, sie luden, packten, stopften, schütteten, schenkten ein und gabelten. Sogar mit Mausefallen versuchten sie das Licht zu schnappen. Danach trugen sie ihre Eimer und Schachteln, ihre Säcke und Körbe, ihre Krüge und Bottiche ins Rathaus, wo sie alles umdrehten, ausgossen oder ausschüttelten.

Aber es nützte alles nichts. Es blieb so finster wie zuvor. Da ließen sie die Köpfe hängen und sagten traurig: »Nun wird guter Rat teuer.“ Und diesmal sollten sie sich nicht geirrt haben.

Wie den Schildbürgern geholfen wurde

Wieder vergingen einige Wochen. Eines Tages erschien ein fremder Reisender in der Stadt. Niemand wusste, wo er herkam und welchen Beruf er ausübte. Die einen hielten ihn für einen besonders tüchtigen Handwerksmeister, die anderen für einen berühmten Gelehrten. Er war jedenfalls ein ausgemachtes Schlitzohr, der gerne den Schalk spielte. Der Verdacht, dass es Till Eulenspiegel selber war, ist nicht von der Hand zu weisen. Wir können ihn ruhig so nennen.
Dieser fremde Eulenspiegel nahm Quartier im Schildaer Hof, dem einzigen Gasthaus der Stadt. Er verkündete, dass er sich alle Mühe geben wolle, den Schildbürgern zu helfen.
Da eilten die Ratsherren unter der Führung ihres Bürgermeisters zu ihm. Sie baten den Eulenspiegel inständig, seinen Verstand doch ja recht heftig anzustrengen.

Er antwortete: „Liebe Leute, gern will ich diese harte Nuss zu knacken versuchen. Jedoch versteht, dass ich Zeit zum Nachdenken brauche. Das Problem ist groß und schwer zu lösen. Aber, wie das Sprichwort schon sagt: Kommt Zeit, kommt Rat!"
Da erkannten die Schildbürger, dass alles auf dem besten Wege war und dass es mit diesem Sprichwort seine Richtigkeit haben müsse. Also würde wohl auch ihr Spruch stimmen, nämlich: Kommt Zeit, kommt Licht.
Der Bürgermeister versprach. „Am Lohn soll es nicht mangeln!" Und die Ratsherren nickten.
Da war der Eulenspiegel sehr zufrieden. Er ließ es sich einige Tage im Schildaer Hof gut gehen, bestellte die besten Speisen und trank die edelsten Weine. Alles auf Rechnung der Stadt.
Schließlich wurde er selbst des faulen Lebens überdrüssig. Er berief daher eine Versammlung vor dem Rathaus ein. Als der Bürgermeister, die Räte, die Bürger und Bürgerinnen zusammengekommen waren, erklärte er: „Seht, liebe Freunde, das Licht kommt vom Himmel.

Daher müsst ihr euer Rathaus dem Himmel öffnen. Deckt die Dachpfannen ab! Ihr werdet staunen, wie hell es dann in den Räumen werden wird."
Das leuchtete den Schildbürgern sofort ein. Der Bürgermeister hatte kaum seine Anweisungen gegeben, da kletterten die Dachdecker schon auf das Dach und nahmen die Pfannen ab.
Die Leute strömten ins Rathaus, um Zeuge der Verwandlung zu sein. Alle wollten sich von der Richtigkeit der Maßnahme überzeugen. So erlebten sie mit Bewunderung, wie das Licht von oben durch die Dachbalken einfiel. Mit jeder Pfanne, die man abhob, wurde es heller. Da waren alle voll Staunen. „Ahhh" und „ohhh" ertönte wie im Chor.
Nun sahen sie erst, wie gelungen ihr dreieckiges Rathaus auch im Inneren war.
„Bleibe bei uns", schlugen sie dem Eulenspiegel dankbar vor. „Wir werden dich zum Ehrenbürger machen!"
Der Schelm lehnte lachend ab. Er hatte längst entdeckt, dass im Westen Regenwolken aufzogen. „Versteht mich bitte nicht falsch",

sagte er. „Aber auch andere Städte warten auf meine Hilfe. Wo immer Menschen leben, türmen sich Schwierigkeiten auf. Gebt mir darum jetzt meinen Lohn. Ich kehre ein andermal wieder bei euch ein, um zu sehen, wie ihr zurechtgekommen seid. Falls dann wieder Not am Mann ist, will ich euch gern wieder helfen."
Er bekam sein Geld.
Die Schildbürger geleiteten ihn feierlich bis vor das Stadttor.
Da machte er sich eilig auf den Weg und schlug sich in die Büsche.

Schon fielen die ersten Tropfen.
Und als die Schildbürger zurückgekehrt waren, erkannten sie, dass sie jetzt zwar Licht in ihrem Rathaus hatten, dass sich aber ein anderer Fehler eingeschlichen haben musste. Denn sie waren – um ein anderes Sprichwort abzuwandeln – zwar nicht vom Regen in die Traufe, wohl aber vom Licht in den Regen gekommen.

Wie sich die Schildbürger selber halfen

Ganz so dumm, wie man meinen könnte, waren die Schildbürger nun wieder auch nicht. Sie hatten ja früher bereits mehrmals Regen erlebt und es war dabei trocken im Rathaus geblieben.
Sie schlossen daher messerscharf: „Der Fehler muss an unserem abgedeckten Dach liegen.“
Also ließen sie die Pfannen wieder draufdecken.
Nun wussten sie zweierlei: „Erstens“, erklärten sie, „der Fremde hat uns nicht das Licht gebracht, sondern uns hinters Licht geführt. Er hat uns zum Narren gehalten. Zweitens: Es ist besser, trocken im Dunkeln zu sitzen als hell im Regen.“
Endlich hatten sie also wieder ein vollkommenes Rathaus. Jetzt wollten sie es auch benutzen. Da gab es nur eines, das hatten sie ja schon ausprobiert: Sie hielten ihre Ratsver-

sammlungen bei Kerzenlicht ab. Einige brachten auch Öllämpchen mit. Aber die waren auch nicht heller.
Da war wieder einer sehr schlau. „Fackeln", rief er. „Es müssen Fackeln her. Und vielleicht könnten wir sogar ein Feuer anzünden."
Gesagt – getan. Sie befestigten Halter für Fackeln an den Wänden. Die Fackeln loderten – aber sie qualmten auch. Sie ließen sich vom Schmied einen Feuerkorb anfertigen. Darin flammten die Holzkohlen, aber sie rauchten auch. Nun war es wirklich einigermaßen hell und sie berieten eifrig. Aber bald kratzte ihnen der Hals und die Augen tränten. Der Raum füllte sich mit Wolken. Alles qualmte und rußte. Wo sollte der Rauch auch hin, da es keinen Abzug gab? Die Schildbürger husteten wie zur schlimmsten Grippezeit.
„Also", krächzte endlich der Klügste. „Jetzt weiß ich eines genau: Es ist ungewiss, ob der Rat mit der Zeit kommt. Und es ist nicht sicher, dass das Licht mit dem Rat kommt. Aber dass mit dem Licht Husten kommt, das ist gewiss."
Aber ein anderer, der einen lichten Augenblick

hatte, verbesserte ihn. „Mit dem Feuer kommt Qualm und mit dem Qualm kommt der Husten. Aber es gibt Licht, das keinen Husten erzeugt: das Licht der Sonne.“
Jetzt waren sie der Lösung ganz nahe.
„Luft! Luft!“, ächzten sie. Da riss einer die Tür auf – ganz wie beim ersten Mal. Und mit der Tür fiel Licht in den Raum. Es gab einen hellen Fleck auf dem Fußboden und es war, wie wenn ein Scheinwerfer anging.
Diesmal dämmerte ihnen die Wahrheit und sie staunten nicht schlecht. „Das ist es!“, riefen sie. „Wie konnten wir das nur übersehen! Wir brauchen noch mehr Türen, schlagt überall Türlöcher heraus!“ Sie holten Meißel und Hämmer und brachen den Lehm aus den Wänden.
„Ach“, jubelten sie, lachten sie, schrien sie durcheinander. „Das sieht ja aus wie Fenster! Nein, das sieht nicht nur so aus, das sind Fenster! Freunde, jetzt ist es gewiss: Wir hatten nur die Fenster vergessen. Aber das macht ja nichts, denn jetzt haben wir ja welche!“
Nun hatten sie allerdings in ihrem Eifer die

Löcher ganz unregelmäßig in die Wände gemeißelt und auch in ganz verschiedenen Größen.
Das war ihnen aber egal. Sie betrachteten ihr Rathaus von innen und von außen. Sie fanden es äußerst reizvoll.
Kein anderes Rathaus der Welt war dreieckig. Und kein anderes hatte so willkürlich verteilte, ganz unterschiedlich geformte Fensteröffnungen: runde, quadratische, fünfeckige, ovale.
Der Zimmermann nahm Maß und fertigte Fensterrahmen an. Dazu brauchte er all sein Können.
Dann waren sie endlich zufrieden, sogar sehr, sehr zufrieden. Und ihr Ruf verbreitete sich wieder in alle Lande.

Wie die Schildbürger ihre Glocke retten wollten

Die Schildbürger richteten sich nun in ihrem Rathaus ein. Um sich zu ihren Versammlungen zusammenzurufen, bestellten sie in der nächsten großen Stadt eine Glocke.
Es wurde ein schöner Guss aus bester Glockenbronze. Die Glocke trug eine Inschrift: „Gott schütze Schilda.“ Sie hing sichtbar in dem Türmchen, das in der Mitte des Rathausdaches stand und genauso dreieckig wie das Dach und das Rathaus selbst war. Bei schönem Wetter blitzte die Glocke in der Sonne.
Und um das Maß des Glückes voll zu machen: Sie klang auch noch hell und melodisch.
Nun wütete aber ein Krieg über dem Land. Noch hatte er die Stadt Schilda nicht erreicht, aber Angst ergriff die Bürger. Man wusste ja: Wenn die Soldaten kamen, dann plünderten sie die Wohnungen und zündeten die Häuser an.

Also brachten die Schildbürger alles Wertvolle, was sie besaßen, in Sicherheit: Münzen und silberne Löffel, Taschenuhren und Kerzenleuchter, Ölgemälde, Schmuck, Ketten und Ringe.
Einige Dinge versteckten sie im Stadtwald, andere vergruben sie in ihren Gärten. Sie hofften, dass rechtzeitig Gras darüber wachsen würde.
Am meisten Kopfzerbrechen bereitete ihnen die neue Glocke. „Wohin damit? Denn eines ist klar“, erkannten sie. „Weit und breit schweigen die Glocken schon. Sie wurden geraubt und für Kanonenrohre eingeschmolzen. Sollten die Feinde auch in unsere Stadt kommen, dann werden sie uns zwingen die Glocke vom Rathaus zu holen.“
Das sahen alle ein. Aber nun war guter Rat wieder teuer. Wo sollten sie die Glocke verbergen? Sie war viel größer als ein silberner Löffel oder ein Ehering. Sie überlegten hin und her. Jedes Versteck war ihnen zu auffällig.
Schließlich kamen sie auf eine großartige Idee. Diesmal war es ihr Bürgermeister, der sie

aussprach: „Ins Wasser mit ihr! Wir versenken die Glocke von Schilda im See von Schilda.“
Wunderbar! Jeder ärgerte sich, dass er selbst nicht auf diese Idee gekommen war.
Nun – sie ließen die Glocke mit großer Vorsicht und viel Mühe vom Rathaus herab.
Dann wurde sie auf einen Wagen geladen.
Sie spannten den Ochsen des Bürgermeisters davor. Der Zug bewegte sich vor die Stadt.
Er durchquerte die Wiese, das Weidengebüsch und kam an den See von Schilda.
Der See lag im schönsten Licht und spiegelte die Sonne. Enten schwammen vergnügt am Ufer. Hier lag auch ein großes Ruderboot. Die Glocke wurde umgeladen. Das Boot sank tief ins Wasser. Der Bürgermeister, der Zimmermann und der Wirt vom Schildaer Hof stiegen dazu. Das Boot sank noch tiefer. Vorsichtig ruderten sie in den See hinaus.
Dort versenkten sie die Glocke und freuten sich, wie das Wasser über ihr zusammenschlug und sich nach einigen Wellen und Kreisen spiegelglatt beruhigte.
„Die kann niemand mehr sehen“, rief der Bürgermeister, der sich über Bord beugte und

die Dunkelheit des Sees zu durchdringen versuchte. Vergeblich.
„Besser konnte es nicht gehen!“, frohlockte der Wirt vom Schildaer Hof. „Aber wie finden wir sie denn später wieder?“
„Das ist doch nicht schwer“, antwortete der Zimmermann. „Seht her …“ Mit seinem scharfen Messer ritzte er eine Kerbe in den Bootsrand. „So finden wir sie leicht! Wo die Kerbe ist, liegt auch die Glocke.“
„So schlau wie du möchte ich auch sein“, meinte der Bürgermeister.
Sie kehrten an Land zurück.

Wie die Schildbürger ihre Glocke suchten

Wirklich, die Schildbürger hatten großes Glück. Der Krieg zog vorüber, ohne Schilda zu berühren.
Vielleicht war der Ruf der Stadt schon so schlecht, dass die Generale dachten, dort wäre doch nichts zu holen.
Jedenfalls – in den Nachbarstädten erklangen bald wieder Glocken. Der Wind trug den Schall so hübsch herüber, dass die Schildbürger beschlossen, auch ihre Glocke wieder aufzuhängen.
Sie zogen mit dem leeren Ochsenkarren zum See und unsere drei begannen zu rudern.
Aber gleich rief der Zimmermann: „Halt, halt! Hier liegt die Glocke!“
„Was? Hier am Ufer?“, fragte der Bürgermeister. „Wir sind doch kaum drei Schläge entfernt. Aber als wir die Glocke versenkten, waren wir fast in der Mitte.“

„Sieh her, hier ist die Kerbe“, erklärte der Zimmermann.
Das sahen der Bürgermeister und auch der Wirt vom Schildaer Hof: Ja, die Kerbe war genau an der Stelle. Sie stocherten also mit ihren Stangen in den See, sie erreichten auch den Grund und wühlten den Schlamm auf, aber die Glocke fanden sie nicht. Und das Verhexte war, wo immer sie noch hinfuhren, überall war auch die Kerbe und überall musste die Glocke liegen.
„Das verstehe, wer kann“, seufzte der Zimmermann. „Das geht über meinen Verstand!“
Und da war keiner, der eine Erklärung gefunden hätte.

Wie die Schildbürger Salz ernteten

Das Land wurde wieder einmal von einem Krieg heimgesucht. Kriegszeiten sind meist Notzeiten. Da werden viele Waren knapp. So ging es auch mit dem Salz. Aber ohne Salz können Mensch und Vieh nicht leben.
Die Schildbürger kamen in ihrem Rathaus zusammen und beratschlagten. Schließlich fanden sie auch die Lösung. „Wenn die Planwagen mit dem Salz nicht mehr kommen, dann müssen wir uns selber helfen“, riefen sie. „Wie ist es denn mit dem Weizen? Wir säen ihn und wir ernten ihn. Wie ist es denn mit dem Roggen? Wir säen ihn und wir ernten ihn. Und wie ist es mit dem Raps? Wir säen ihn und wir ernten ihn. Wirklich: Warum denken wir nur so lange nach – wir müssen Salz säen. Dann werden wir auch Salz ernten können.“
Sie besaßen gerade noch so viel Salz, dass sie ein Feld damit bestellen konnten. Sie hatten zur Not auch noch so viel, dass die Zeit über-

brückt werden konnte, bis das Salz reif zur Ernte war.
Sie wählten ihren fruchtbarsten Acker aus und sie pflügten ihn um. Im Morgengrauen schritten sie über die dampfende, feuchte Erde und säten mit großem Schwung. Das Salz verteilte sich wie ein weißer Regen, löste sich auf und sickerte ein.
Das Frühjahr verging. Der Wind trug vielerlei Samen über das Land. Der Sommer kam. Auf dem Acker wuchs allerhand. Es wuchs vor allem eine grüne Pflanze.
Vögel flogen herbei und ließen sich nieder. Die Schildbürger stellten Vogelscheuchen auf. Hasen und Rehe kamen vom Wald. Die Schildbürger verjagten sie.
Einmal brach die Schweineherde ins Salzfeld ein und tat sich an den Pflänzlein gütlich. Die Schildbürger vertrieben sie mit Knüppeln und überlegten sich, ob sie den Schweinehirten zur Strafe einsperren sollten. Sie ließen es aber, weil dann die Herde erst recht Unheil angerichtet hätte.
Jeden Abend pilgerten sie zu ihrem Salzfeld und freuten sich an dem Salzkraut. Als einmal

einer zu nahe herankam und die gezackten Blätter berührte, brannte ihm die Haut: „Das Salz ist scharf! Es ist so scharf, dass man Blasen bekommt“, rief er. „Das Salz ist reif, es muss geerntet werden!“
Da zogen sich die Schildbürger Stiefel an und steckten die Hosen hinein. Sie schlüpften in lange Jacken und banden die Ärmel vorne zusammen. Sie schützten die Hände mit Handschuhen. Sie kamen mit Sensen und Sicheln. Sie mähten mit Können und Vorsicht. Sie bündelten die Pflanzen und stellten die Garben zum Trocknen zusammen.
Da kam ein Schildbürgerbub. Er hatte noch all seine fünf Sinne beisammen. „Komisch“, sagte er. „Diese Art Salz wächst schon lange in unserem Garten. Aber bisher haben wir es immer ausgerissen und es als Brennnesseln verachtet. Nun können wir es wohl stehen lassen und ebenfalls ernten?“
Da schauten sich die Schildbürger lange an und rieben sich die Nasen. Doch großen Schaden hatten sie nicht, denn der Krieg ging bald vorüber und fern auf der Straße näherte sich wieder ein Planwagen mit Salz.

„Es ist sowieso viel einfacher, das Salz fertig in Säcken zu kaufen, als es mühsam anzubauen“, sagten sie.
Sie staunten aber nicht schlecht, als ihnen der Fuhrmann erzählte, wie man das Salz gewann: aus dem Berg nämlich oder aus dem Meer. Da meinten sie: „Die Welt ist voller Wunder!“

Wie die Schildbürger von einer Plage befallen wurden

Es gibt Menschen, die haben eine Abneigung gegen Katzen. Sie kriegen Hautjucken von Katzenhaaren. Außerdem finden sie es schlimm, dass Katzen Vögel jagen.
So ging es vor vielen, vielen Jahren – vor sehr vielen Jahren, als die Stadt Schilda gerade gegründet worden war – einmal dem damaligen Bürgermeister. Dieser brave Mann war so besessen von seiner Abneigung, dass er ein Testament hinterließ. Darin verbot er seinen Nachkommen, Katzen zu halten. Die Kinder und Kindeskinder und Kindeskindeskinder befolgten diesen letzten Willen getreu. Er war ja auch schriftlich niedergelegt. Nach und nach wurde er für sie wie ein Gesetz.
Und so kam es, dass die Schildbürger keine Katzen hatten und auch keine Katzen haben wollten – niemals! Mochten sie nun grau, gelb, weiß oder gefleckt sein.

Oft geschieht es, dass Menschen Dinge glauben, ohne sie auf ihre Richtigkeit oder auf ihren Sinn zu überprüfen. Das ist in aller Welt so und passiert an jeder Straßenecke.
Nun war es aber so, dass auch die Ratten und Mäuse nach und nach spitzkriegten: In Schilda gibt es keine Katzen – hurra! Die Kunde von dem Schlaraffenland Schilda verbreitete sich überall. So wanderten zahllose Ratten und Mäuse aus anderen Städten nach Schilda. Sie kamen mit all ihren Kindern und Kindeskindern und nahmen die Strapazen langer Wanderungen durch abgeerntete Kornfelder auf sich, um nach Schilda zu kommen. Hier konnten sie in Ruhe leben und sich fett fressen. Das war doch wunderbar!
Für die Schildbürger wurde das aber zu einer Plage: zu einer Ratten- und Mäuseplage.
Die Nagetiere knabberten die Mehlsäcke an. Sie benagten die duftenden Käseräder. Sie zerkauten den Speck, wo immer sie welchen finden konnten. Es gab eigentlich nichts, was sie nicht angenagt und verzehrt hätten, sodass es müßig ist, alles aufzuzählen.
Umgekehrt wäre es einfacher. Ja, wollte man

berichten, was die Mäuse und die Ratten nicht annagten, brauchte man nur zu sagen: nichts! Denn sie zerbissen ja sogar die Lederschuhe und Filzhüte und Pelzmäntel. Es gab sogar Ratten, die waren versessen auf Bücher. Sie rissen große Ecken heraus, sodass man die Sätze nicht mehr lesen konnte.

Das Einzige, was sie in Ruhe ließen, waren Gegenstände aus Metall. Die Glocke hätten sie also nicht angenagt – aber die lag ja sowieso tief unten im See. Und mit silbernen Löffeln konnten sie auch nichts anfangen. Aber die silbernen Löffel benutzten die Schildbürger sowieso nicht, weil sie nicht mochten, wenn die Mäuse vom Brei mitschmausten. Die Tiere hüpften einfach auf den Tisch und stellten die Vorderfüße auf die Tellerränder. So kam es, dass die guten Leute bald hungrig ins Bett gingen.

Wie die Schildbürger einen Maushund kauften

Die Schildbürger wurden sich einig, dass sie etwas gegen die Mäuse und Ratten tun mussten, wollten sie selbst weiterleben – oder sie mussten auswandern. Es gab nur noch das eine oder das andere.
Sie versuchten es eine Weile mit Mausefallen. Aber die Mäuse und Ratten kamen so leicht an alle anderen Leckerbissen heran, dass sie doch gar nicht daran dachten, die kleinen Stückchen Speck oder Käse in den Fallen auch nur eines flinken Blickes zu würdigen.
Das Glück – oder das Unglück – kam den Schildbürgern zu Hilfe.
Wieder erschien ein fahrender Geselle in der Stadt und wieder ist es durchaus möglich, dass es der Eulenspiegel selber war. Aber genau weiß es niemand.
Dieser Eulenspiegel jedenfalls quartierte sich im Schildaer Hof ein und ließ sich tüchtig

auftragen. Er hatte von der Not der Schildbürger gehört und dachte seinen Vorteil daraus zu ziehen – und den Schildbürgern damit sogar noch zu helfen.
Er blieb eine Nacht und tat kein Auge zu, denn die Ratten nagten an seinen Schuhen und die Mäuse huschten über seine Matratze.
Die Nacht zuvor hatte er herrlich bei einer Bäuerin in der Scheune geschlafen. Diese gute Frau hatte viele Katzen und daher keine Mäuse. Sie brachte es nämlich nicht übers Herz, die neugeborenen Kätzchen zu ertränken. Bei ihr waren die Katzen also fast so zahlreich wie in Schilda die Nagetiere.
Als der Eulenspiegel diese Bäuerin am Morgen wieder verließ, fragte sie ihn: „Willst du nicht eine Katze mitnehmen? Ich schenke dir eine!“
Aber der Eulenspiegel hatte höflich gedankt.
Derselbe Schelm ließ nun in Schilda verkünden, dass er die Stadt von der Mäuse- und Rattenplage befreien wolle.
Das war Musik in den Ohren der braven Leute. Sie eilten in den Schildaer Hof.
Da fragte der Eulenspiegel: „Was haltet ihr von Katzen?“

Die Schildbürger hoben die Hände und zeterten: „Unser Gesetzbuch verbietet es uns, Katzen zu halten!“
Der Eulenspiegel nickte zufrieden. Das hatte er nur noch einmal hören wollen. Er kletterte also auf einen Tisch und der Wirt vom Schildaer Hof hatte nichts dagegen. Von dort oben aus hielt der Eulenspiegel eine Ansprache: „Es gibt“, verkündete er, „ein ganz seltenes Tier. Dieses Wundertier vertilgt alle Ratten und Mäuse. Wo nur etwas krabbelt und nagt und wispert und wuselt, da beißt es zu. Nichts entgeht ihm. Kein Schrank ist ihm zu hoch, kein Kellerloch zu eng, kein Speicher zu weit. Seine Krallen sind wie Messer und seine Zähne wie Stahlpfeile. Ein einziges dieser Tiere genügt und ihr seid all eure Not los.“
„Was ist das für ein Zaubertier?“, wollten die Schildbürger wissen.
„Es ist ein Maushund“, erklärte dieser Eulenspiegel. „Er ähnelt äußerlich zwar einer Katze zum Verwechseln, stammt aber aus einer ganz anderen Sippe und ist von ganz anderer Rasse. Deshalb ist er auch so selten. Zufällig habe ich eines dieser Wundertiere an der Hand, das

heißt, ich könnte es euch besorgen. Freilich ist es sehr teuer ..."

„Was verlangst du?"

„Ich verlange gar nichts", erklärte der Eulenspiegel. „Der Züchter des Maushundes verlangt von mir hundert Goldtaler. Und das ist sogar billig. Ich muss es ihm geben und verdiene dabei noch nicht einmal einen Groschen."

Nun sind hundert Goldtaler natürlich sehr viel Geld. Aber es gab ja auch weit mehr als hundert Ratten und Mäuse in der Stadt, vielleicht sogar tausende. So gesehen war es vielleicht nicht zu viel, wenn die Schildbürger für jedes Nagetier, das sie los werden wollten, nicht einmal einen Goldtaler bezahlten. Sie wurden also handelseinig.

Der Eulenspiegel lief davon und trat wieder bei der Bäuerin ein. Dort schlief er sich erst einmal ohne Ratten und Mäuse wunderbar aus, eine Schmusekatze im Arm. Am Morgen sagte er zu der Bäuerin: „Gute Frau, deine Not dauert mich. Natürlich kann ich dir nicht alle Katzen abnehmen, aber ich habe es mir überlegt: Eine darfst du mir geben. Du musst mir

freilich etwas dazuzahlen, damit ich nicht für ihr Futter aufkommen muss. Denn ich bin ein armer Mann."
Die Bauersfrau sah das ein. Sie nickte.
Der Schalk suchte sich eine besonders große Katze aus und die Bäuerin gab ihm zehn Silbertaler dazu.

Wie der Maushund in Schilda ausgesetzt wurde

Zufrieden wanderte der Eulenspiegel nach Schilda zurück, die Katze im Sack. Dort verkaufte er seinen Maushund für hundert Goldtaler.
Die Schildbürger waren zwar ein wenig misstrauisch, ob es nicht doch eine Katze wäre. Aber sie hatten ja lange keine mehr gesehen. Und der Eulenspiegel riet ihnen, doch genau zu überlegen: „Sieht ein Sperling nicht etwa auch aus wie ein Spatz? Und sind es nicht, wie schon der Name sagt, zwei ganz verschiedene Tiere? Wozu müsste man sie sonst anders nennen? Ist nicht ein Sperling eben kein Spatz und ein Spatz eben kein Sperling? Genauso ist ein Maushund keine Katze und eine Katze kein Maushund!"
Das überzeugte die Schildbürger schnell.
Der Eulenspiegel setzte die Katze auf den Fußboden.

Und sie hatte kaum die erste Maus gewittert, da machte sie sich auf die Jagd.
„Wo soll ich euch den Maushund hinbringen?“, fragte der Eulenspiegel. Denn jetzt ritt ihn noch einmal der Schalk. Er meinte: „Ihr müsst wissen, dass es sehr gefährlich ist, ihn anzupacken.“ Und da er das Tier aufnahm, als die Katze schon auf dem Sprung nach einer Maus gewesen war, biss sie ihn. Sie kratzte ihn so fest, dass ein paar Blutstropfen aus einem Daumen perlten.
Das erschreckte die Schildbürger. „Ins Rathaus mit dem Maushund“, riefen sie. „Wir wollen in Zukunft ohne das Rascheln von Ratten und

das Wispern von Mäusen unsere Beratungen abhalten. Wir wollen nicht, dass unsere wertvollen Aufzeichnungen, die Schildbürgerakten und die Schildbürgerprotokolle angenagt werden!“

Also setzte der Eulenspiegel das Wundertier im Rathaus ab und schloss die Tür gleich wieder, sodass alle draußen standen, der Maushund aber drinnen blieb. Und unser Eulenspiegel machte, dass er sich den Staub von den Schuhen schütteln konnte. Auf Deutsch: Er lief pfeifend aus Schilda und durch die Felder davon.

Wie es kam, dass die Schildbürger ihr Schilda zerstörten

Eigentlich wäre den Schildbürgern ja nun wirklich geholfen gewesen. Sie hätten nur die Katze – oder den Maushund – in Ruhe weiter jagen lassen müssen. Aber dazu waren die Schildbürger zu weitsichtige Menschen.
Als sie nämlich draußen standen und auf die Geräusche im Rathaus horchten, fragte plötzlich einer von ihnen. „Freunde, was geschieht aber, wenn der Maushund alle Ratten und Mäuse gefangen hat, was wir uns ja wünschen? Ich meine, nicht nur im Rathaus, sondern in der ganzen Stadt! Womit bekommen wir ihn dann satt?“
Da erinnerten sie sich an die Worte des Eulenspiegels: „Er jagt und frisst alles Lebendige. Nichts entgeht ihm. Kein Schrank ist ihm zu hoch, kein Kellerloch zu eng, kein Speicher zu weit. Seine Krallen sind wie Messer und seine Zähne wie Stahlpfeile.“

„Mitbürger aus Schilda“, rief der Klügste. „Wir sind in der allergrößten Gefahr! Das nächste Opfer des Maushundes sind wir selber! Er darf nie wieder aus dem Rathaus herauskommen! Er jagt und frisst alles Lebendige. Und sind wir nicht lebendig? Ich für meinen Teil will weder mit Stahlpfeilen gejagt noch mit Messern aufgefressen werden!“
Das wollte keiner. Da kratzten sie sich im Nacken und beratschlagten, wie sie den Maushund wieder loswerden konnten. Ihn zu jagen getraute sich aber keiner. Zu deutlich standen ihnen die Blutstropfen auf dem Daumen des Eulenspiegels vor Augen. In ihrer Erinnerung wurden die Kratzer zu tiefen Wunden.
Nie ist geklärt worden, wer es zuerst aussprach, vielleicht waren es alle gleichzeitig: „Wir müssen das Rathaus anzünden! Besser das Rathaus verbrennt und mit ihm der Maushund, als dass wir gefressen werden. Denn ein Rathaus können wir wieder bauen, falls wir am Leben bleiben. Sind wir aber tot, dann nützt uns das schönste Rathaus auch nichts mehr.“
Dieser Gedanke war so einleuchtend, so klar, so verständlich, dass ihn sofort alle richtig

fanden. Die Schildbürger schichteten also Stroh und Reisig um das Rathaus auf und zündeten es an.
Das Rathaus, dessen Balken längst durchgetrocknet waren, brannte bald wie Zunder.
Die Katze aber war schlau genug, über das Dach ins nächste Haus zu flüchten.
Es war das Haus des Bürgermeisters. Der Bürgermeister raufte sich die Haare, aber er verstand sehr wohl, dass er sein Haus opfern musste.
Da legten sie Feuer ans Bürgermeisterhaus.
Die Katze aber war so schlau, wieder über das Dach ins nächste Haus zu flüchten.
Und das war der Schildaer Hof … Und so weiter … und weiter … und immer weiter, von

einem brennenden Haus zum nächsten brennenden Haus, immer über das Dach. Schließlich stand die ganze Stadt in Flammen. Und die Katze, die kein Haus mehr fand, machte sich auf den Rückweg. Sie wanderte wieder zu ihrer Bäuerin. Die grämte sich sehr, weil sie zehn Silbertaler für eine Katze ausgegeben hatte, die sie doch nicht losgeworden war.
Die Katze wurde auch bald wieder trächtig und bekam Junge.

Wie sich die Schildbürger über die Welt verstreuten

Die Schildbürger aber blickten auf die Flammen. Ein Haus nach dem anderen versank in Schutt und Asche.
Schließlich meinte einer: „Grämt euch nicht. Der Maushund ist weg und wir sind gerettet. Eine Stadt lässt sich allemal wieder aufbauen.“
Aber da stellte es sich heraus, dass das keiner wollte. Vielleicht war es ihnen zu mühsam. Noch einmal Bäume fällen und das nicht nur für ein Rathaus, sondern für viele, viele Häuser und Scheunen und Ställe und wieder eine neue Glocke … Nein, das hatten sie alles schon einmal gemacht.
„Warum sollten wir selber bauen, wenn es doch überall schon fertige Städte gibt?“, fragte der Bürgermeister. „Nehmt Abschied von Schilda! So wie es war, wird es niemals wieder sein. Es bleibt nun eine Legende und eine

schöne Erinnerung. Wir kehren niemals wieder. Wir wandern aus."
Dieser Gedanke gefiel ihnen ausnehmend gut und sie schwärmten in alle Himmelsrichtungen aus. Und so kommt es, dass es heute Schildbürger überall auf der Welt gibt.
Wer weiß, vielleicht sogar in deiner Nachbarschaft. Denn rein äußerlich sind sie sehr schwer zu erkennen. Sie sehen genauso aus wie du und ich.

MÜNCHHAUSEN

Wer ist Münchhausen?

Der berühmte Baron Hieronymus von Münchhausen ist anders als andere Schelme. Er handelt nämlich nicht selbst, er erzählt nur. Der Eulenspiegel und die Schildbürger sind ununterbrochen mit ihren Streichen und Narrheiten beschäftigt. Münchhausen aber ist ein Schelm nur mit Lippen und Zunge. Der berühmte Baron musste nie mit der nackten Not kämpfen wie Till Eulenspiegel. Er liebte es, in seinem Schloss viele Freunde zu empfangen und ihnen bei einer Flasche Wein seine wundersamen Abenteuer zu erzählen. Seine Geschichten sind voller Witz und Phantasie. So unglaublich sind seine Erlebnisse, dass es gar nicht möglich ist, sie nachzuahmen.
Ist Münchhausen also vielleicht gar kein richtiger Schelm?
Nun, er ist es. Aber ein Schelm der Lügengeschichten. Das freilich von hoher Qualität. Seine Schnurren dürfen in diesem Buch nicht

fehlen. Auch wenn manche seiner Geschichten uns heute vielleicht etwas roh vorkommen. Wir müssen ihm zugute halten, dass er alle seine Abenteuer nur mit dem Maul erlebt hat und in Wirklichkeit nie einer Fliege etwas zu Leide tat.
Machen wir es wie die Gäste im Schloss des Baron von Münchhausen: Sie hörten alle mit Vergnügen zu und plagten ihn nie mit Zweifeln.

Wie Münchhausen nach Russland ritt

Jeder weiß, dass es im Winter in Russland grimmig kalt ist und dass sich die Wege in einem miserablen Zustand befinden.
Baron von Münchhausen aber wollte einmal mitten im Winter nach Petersburg reisen.
Was tun? Sollte er sich einer Postkutsche anvertrauen? Da wäre er schön durchgerüttelt worden und hätte sich immer wieder über den Postillion geärgert, der an jedem Wirtshaus Halt machen wollte, um seinen Durst zu stillen.
Also entschloss er sich zu reiten. Sein Pferd war erprobt und es war ihm ans Herz gewachsen.
Er trabte einige Tage durch den Schnee und kam immer tiefer ins Land. Abends fand er zu seinem Glück stets eine Herberge, in der er übernachten konnte. Es war zwar oft nicht die feinste, aber das erwartete Münchhausen auch nicht, denn er war nicht verwöhnt.

Einmal nur überfiel ihn die Dunkelheit, ohne dass ein Dorf oder auch nur ein Haus in der Nähe war. Das war bitter, denn weiterreiten konnte er auch nicht. Es hatte den ganzen Tag ununterbrochen geschneit und die Ebene schimmerte geisterhaft in der Dunkelheit. Er hätte sich gewiss verirrt.
Er war daher froh, als er einen Stock aus dem Schnee emporragen sah. Er hielt an und sprang aus dem Sattel. Der Schnee knirschte. Mit klammen Fingern band Münchhausen sein braves Pferd an dem Stock fest und warf ihm seine Wolldecke über Kruppe und Hals. Er selbst hüllte sich in seinen Pelz und legte sich nieder. Nun, er verbrachte eine ruhige Nacht. Er träumte sogar vom Frühling. Wie erstaunt war er aber, als er am Morgen erwachte. Irgendein Geist schien ihn in eine ganz fremde Gegend versetzt zu haben! Statt mitten in einem Schneefeld befand er sich auf einem Friedhof zwischen Kreuzen und Gräbern. Vor ihm erhob sich eine kleine, aber recht anmutige Dorfkirche.
Er wollte sich schon beruhigen, da fiel ihm auf, dass sein Pferd nicht zu sehen war. Er konnte

es nirgends entdecken. So war guter Rat teuer, denn wie sollte er wieder von hier fortkommen?
Auch die Bauern, die nach und nach herbeieilten, um ihn zu begaffen, konnten ihm nicht helfen.
Doch – was war das? Stellt euch sein Erstaunen vor: Er hörte in der Höhe über sich ein Wiehern. Es war, als käme der Ton direkt aus dem Himmel. Er blickte empor: Da sah er sein armes Pferd an der Kirchturmspitze hängen, am Halfter, so, wie er es am Abend angebunden hatte. Aber das Pferd bot einen kläglichen Anblick, ganz hilflos mit lang gestrecktem Hals.
Wie konnte er es heil herabholen?
Nun, der Baron von Münchhausen war nicht leicht in Verlegenheit zu bringen. Auch jetzt fiel ihm die Lösung ein: seine Pistole! Er zog sie aus ihrem Futteral, zielte ruhig und genau über seinen abgewinkelten linken Arm auf den Zügel, der kaum zu erkennen war. Mit einem einzigen Schuss trennte er das Leder mitten durch.
Sofort schlang das Ross seine Beine um den

Kirchturm. Langsam rutschte es an diesem herab, bis es wieder festen Boden unter den Hufen hatte.
Die Bauern bewunderten die Schießkunst des Barons sehr. Er aber steckte seine Pistole gleichmütig wieder ein. Nun konnte er seinen Ritt fortsetzen und erreichte Petersburg ohne weiteren Zwischenfall.
Und des Rätsels Lösung? Es war keine Zauberei gewesen: Am Tage vorher war das Land hoch zugeschneit worden, da wuchs der Schnee über alle Dächer bis zur Kirchturmspitze empor. Nur sie ragte noch darüber hinaus. Und über Nacht taute es gründlich … Nun kann man sich alles andere denken!

Wie Münchhausen einem tollwütigen Hund entkam

Baron von Münchhausen war ein großer Hundefreund, das konnte ihm jeder bestätigen. In Russland aber brachte ihn ein Hund in die schlimmste Verlegenheit. Das struppige Tier lief ihm in einer engen Gasse von Petersburg entgegen.
Münchhausen erkannte mit geübtem Blick, dass es an der Tollwut erkrankt war. Ein Biss von diesem Tier wäre tödlich gewesen. An ein Ausweichen war auch nicht zu denken, und da der Baron keine Pistole bei sich trug, blieb ihm nur die Flucht. Um den Hund abzulenken, warf er ihm seinen Mantel über den Kopf und rettete sich in ein Haus.
Der Hund verbiss sich auch wirklich in dem Kleidungsstück und zerrte es auf der Straße wütend hin und her. Endlich ließ er aber davon ab und trottete davon.
Dem Baron tat es Leid um seinen Mantel, den

einer der besten Schneidermeister gearbeitet hatte. Er trat also wieder heraus, las das Kleidungsstück mit aller Vorsicht auf und eilte mit ihm nach Hause, wo er es in den Schrank hängte.

Es verging nur eine Nacht, da weckte ihn sein Diener mit Gelächter: „Herr, Herr", rief er, „Euer Rock ist toll geworden!"

Der Baron sprang aus dem Bett und fand alle seine Kleider aus dem Schrank zerfetzt auf dem Boden. Der Mantel machte sich gerade wie ein wildes Tier an seinem Galakleid zu schaffen.

Nun hatte der Baron von Münchhausen aber seine Pistole bei sich und mit einem gezielten Schuss konnte er dem Spuk ein Ende bereiten. Freilich büßte er seinen guten Mantel nun doch ein. Denn so durchlöchert und von der Tollwut angesteckt war er ja nicht mehr zu gebrauchen.

Wie Münchhausen unerwartet zu einem Konzert kam

Bleiben wir noch einmal in Russland. Es war wieder ein bitterkalter Winter mit klirrendem Frost. Münchhausen wollte sich auf die Heimreise machen. Er wählte diesmal aber aus Bequemlichkeit nun doch eine Kutsche.
Über der Landschaft spannte sich ein blauheller Eishimmel und man konnte die Glieder kaum noch bewegen. Da kam der Wagen in einen Hohlweg, der von Dornenhecken eingesäumt war.
Münchhausen wies seinen Postillion an, tüchtig in das Horn zu blasen, damit ihnen keine Kutsche entgegenkäme. Denn hier konnten sie einander nicht ausweichen.
Der brave Postillion setzte das Horn auch an die aufgesprungenen Lippen und blies kräftig. Man sah, wie seine Backen anschwollen und sich bewegten. Wie erstaunt war er aber, dass er keinen Ton herausbrachte! Er wusste doch,

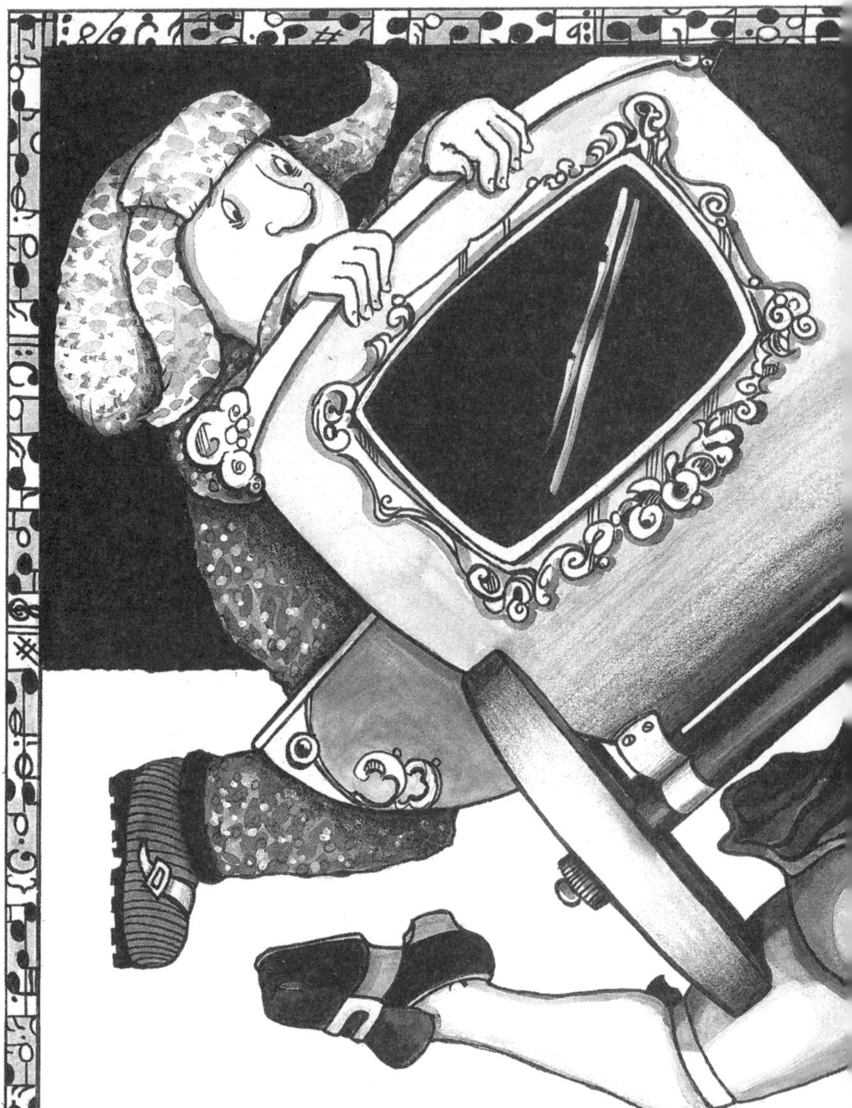

dass er vortrefflich zu musizieren verstand.
Nun, da war nichts zu machen.
Wie es aber so geht, kam ihnen wirklich gleich ein anderer Wagen entgegen.
Keiner konnte ausweichen, keiner konnte vor oder zurück.
Münchhausen wusste aber auch: Sollten sie hier lange stehen, dann würden sie am Boden festfrieren und ihre Pferde würden so steif, wie wenn man sie in Metall gegossen hätte. Scharf dachte er nach, da fiel ihm die Lösung des Problems ein.
Er stieg aus, schirrte die eigenen Pferde ab, hob seine Kutsche und trug sie, über den Kopf gestemmt, an dem anderen Wagen vorbei. Dahinter setzte er sie wieder ab. Kein leichtes Stück Arbeit, wie man sich denken kann!
Danach kehrte Münchhausen zurück. Er nahm noch die beiden Pferde rechts und links unter die Arme und schritt mit ihnen denselben Weg, nun sogar noch etwas beschwerlicher. Mit den beiden Rössern unter den Armen nahm er ja gehörig viel Platz ein und der war knapp. Aber er konnte sich gerade so durchwinden. Danach schirrte er die Pferde wieder an und nun

standen die beiden Kutschen Rücken an Rücken, wie wenn sie aneinander vorbeigefahren wären.
Münchhausen schritt zu dem zweiten Wagen und verneigte sich artig. Er genoss den Beifall und den Dank der schönen Dame, die dort saß. Beides entschädigte ihn reichlich für alle Mühe.
Am Abend kam er mit seinem Postillion in einem kleinen Gasthof an. Der brave Mann hing sein Horn über dem Kachelofen auf.

Wie man weiß, sind diese russischen Öfen besonders gemütlich und strahlen eine knuffige Wärme aus. Und was Wunder! – Plötzlich entströmten diesem Horn die reizendsten Töne, nämlich genau jene Melodien, die der Postillion zuvor vergeblich hineingeblasen hatte. Lieder über Lieder. Sie waren nämlich festgefroren. Und wie sie auftauten, verwandelten sie sich wieder in Musik.
Einen ganzen Abend lang genoss der Baron von Münchhausen dieses Konzert und streckte dabei seine Beine am Kachelofen aus. Und dies war ein Erlebnis, an das er besonders gern zurückdachte. Denn: War es nicht voller Poesie?

Wie Münchhausen im Türkenkrieg kämpfte

Auch ein anderes Stück bereitete dem Baron viel Vergnügen. Mit einer Schwadron seiner besten Soldaten versuchte er eine türkische Stadt einzunehmen.

Münchhausen ritt seinen feurigsten Hengst, einen Litauer, und sie kämpften alle wie die Teufel. Seine Leute und er jagten die Türken hinter ihre Mauern zurück und auf der anderen Seite der Stadt gleich wieder zum rückwärtigen Tor hinaus.

Münchhausen glaubte, dass ihre Aufgabe nun erledigt sei. Er zügelte sein Pferd auf dem Marktplatz, um dem braven Tier die verdiente Ruhe zu gönnen. Er war freilich sehr erstaunt, dass er keinen seiner Leute nachkommen sah. Sie mussten doch gleich nach ihm in die Stadt gestürmt sein!

Und dann wunderte er sich auch sehr, dass sein gutes Ross so unmäßig soff, wie er es noch nie erlebt hatte. Der Brunnen war bald leer getrunken und konnte sich so schnell nicht wieder füllen. Der Wasserspiegel schimmerte bereits tief unten. Zugleich hörte Münchhausen es hinter sich plätschern. Wie er sich umdrehte, sah er, dass sein Litauer in der Mitte abgetrennt worden war. Genau eine Haaresbreite hinter dem Sattel! Und aus der Hälfte, auf der er saß, rann nun hinten das Wasser genauso wieder heraus, wie es vorne hineingetrunken wurde.

Der Baron von Münchhausen hatte sich noch nicht von seinem Erstaunen erholt, da eilte endlich sein Reitknecht herbei. Der tapfere Mann schüttelte sich aus vor Lachen. „Herr", rief er, „als Ihr so wild vorausstürmtet und das Stadttor eben halb durchquert hattet, ließen die Bürger in ihrer Angst plötzlich das Schutzgitter fallen. Es trennte Euer Pferd glatt entzwei. Aber sorgt Euch nicht, die hintere Hälfte vergnügt sich draußen auf der Weide. Sie hat, bevor sie dorthin trabte, durch ihr wildes Ausschlagen unter den Türken die größte Verwirrung angerichtet."

„Und weil das Schutzgitter herabgefallen war,

konntet ihr mir nicht gleich folgen“, ergänzte Münchhausen.
Sein Stallknecht nickte.
Münchhausen fand sein Pferdehinterteil wirklich auf der Weide vor der Festung. Zum Glück war der Hufschmied ein rechter Teufelskerl, der sich auch darauf verstand, Rösser zu heilen. Er fügte die beiden Pferdehälften geschickt zusammen und verband sie, indem er Lorbeersprösslinge auf die Schnittstellen legte.
Alles heilte rasch und wunderbar zusammen. Ja, nicht nur das – und bei so einem herrlichen Pferd konnte es wohl auch nicht anders sein: Der Lorbeer schlug in dem Pferdeleib Wurzeln und wuchs über ihm zu einer hübschen Laube zusammen. In deren Schatten konnte Münchhausen so lange reiten, wie man brauchen wird, dies zu glauben.

Wie Münchhausen auf der Kanonenkugel ritt

Vom Reiten erzählte der Baron von Münchhausen oft noch ein zweites Stückchen. Es war freilich ein ganz anderer Ritt als auf dem Pferderücken. Sogar er kam dabei fast von Sinnen. Das geschah so:

Münchhausen befand sich mit seinen Leuten wieder in den Türkenkriegen vor einer befestigten Stadt und er wollte zu gern auskundschaften, wie es hinter den feindlichen Mauern aussah. Wie viele Soldaten befanden sich in der Garnison? Über wie viele Geschütze und Musketen verfügten die Türken?

Nun – seine Kanoniere feuerten zwar hinüber, was die Rohre hergaben. Aber es wäre eben doch besser gewesen, wenn sie gewusst hätten, wohin genau sie zielen sollten.

Ganz in Gedanken, wie dies zu bewerkstelligen sei, fasste Münchhausen einen genauso plötzlichen wie waghalsigen Entschluss.

Er stand gerade neben einem Kanonenrohr. Als sich der nächste Schuss löste, schwang er sich kühn auf die Kugel und ritt auf ihr der feindlichen Stadt entgegen. Aber wie es so geht mit plötzlichen Entschlüssen: Wie er noch flog, packten ihn Zweifel. Könnte er denn aus der Festung jemals wieder herauskommen?

Schließlich wollte er seinen Leuten sein erworbenes Wissen auch mitteilen. Zum anderen wollte er aber auch – das gab er offen zu – seine Haut retten. Dass man ihn bei den Türken nicht mit Pauken und Trompeten (also mit Freude und einem Festmahl) empfangen würde, das war ihm klar. Im Gegenteil, er sah sich bereits am Galgen hängen oder vor den Musketen eines Hinrichtungskommandos stehen. Er begriff, dass sein Tod noch dazu ganz unnütz war, und verfluchte seinen Vorwitz.

Wie aber umkehren?

Er blickte ja schon auf die Dächer, auf die Kuppeln und Türme der türkischen Stadt hinab. Doch zu seinem Glück sah er es in diesem Augenblick schräg unter sich am

Mauerrand aufblitzen. Ihm fauchte eine feindliche Kanonenkugel entgegen.
Die schickt dir der Himmel!, dachte er. Er hechtete kurz entschlossen hinüber, ehe sie an ihm vorbeigezischt war. So ritt er durch die Luft denselben Weg wieder zurück, zu den Seinigen. Dort kam er freilich unverrichteter Dinge wieder an.
Doch seine Leute begrüßten ihn freudig. Sie sagten: „Eure Tapferkeit ist uns mehr wert als jede Kenntnis der feindlichen Stellungen.“
Münchhausen und seine Leute konnten übrigens die Stadt auch so einnehmen.

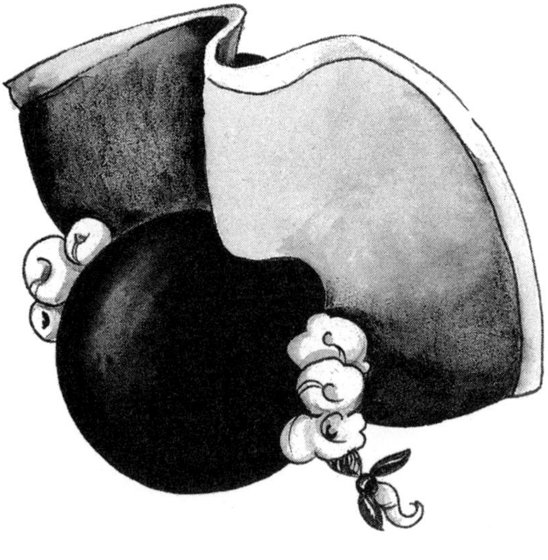

Wie Münchhausen einen Kirschenhirsch erlegte

Der Baron von Münchhausen war ein großer Anhänger der Jagd. Und ein jeder kennt wohl die Bilder vom heiligen Hubertus, dem Schutzpatron der Jäger. Sie zeigen diesen wackeren Mann mit einem stattlichen Hirsch, der ihm einst im Wald begegnete und der ein Kreuz zwischen seinem Geweih trug. Nun – der Baron wollte sich natürlich nicht mit dem heiligen Hubertus vergleichen, aber etwas ähnlichWunderbares ist ihm doch auch zugestoßen, und das kam so:
Münchhausen befand sich einmal auf der Jagd und hatte all sein Blei bereits verschossen. Just in diesem Augenblick trat ihm der kapitalste Hirsch vor die Flinte, den er je gesehen hatte. Was tun? Ihn einfach ziehen lassen? Das widerstrebte ihm, zumal das Tier ihn so unverschämt anblickte, als wüsste es von seinem Missgeschick.

Teufel, dich kriege ich!, dachte der Baron. Da erinnerte er sich an eine Hand voll Kirschen in seinem Beutel. In aller Eile schälte er das Fleisch ab und lud seine Flinte mit diesen Kirschkernen. Ab ging der Schuss! Er traf das stolze Tier mitten auf die Stirn. Der Hirsch schüttelte sein Haupt und trottete – merklich benommen – davon.
Münchhausen ärgerte sich ein wenig, aber er vergaß den Vorfall doch bald.
Nun vergingen drei Jahre. Danach war Münchhausen wieder in demselben Walde, und zwar in Begleitung von genau der gleichen Gesellschaft. Plötzlich trat ein Hirsch aus der Lichtung, der einen kleinen, aber voll ausgewachsenen Kirschbaum zwischen dem Geweih trug. Der Baum hing sogar voller Früchte.
Nun hatte der Baron von Münchhausen Blei und Pulver! Er betrachtete den Hirsch mit gutem Grund als sein Eigentum und streckte ihn mit einem Schuss nieder.
Den Braten verzehrte er im Kreise seiner Genossen. Alle versicherten ihm, dass sie in ihrem Leben noch keinen so delikaten Hirsch mit Kirschtunke verzehrt hätten.

Wie Münchhausen einen wunderbaren Hasen fand

Ein anderes Mal musste sich der Baron über einen Hasen ärgern. Es grenzte wirklich an Zauberei: Sein braver Hund hetzte dieses Tier zwei lange Tage, aber Münchhausen konnte nicht zum Schuss kommen. Der Hase entkam ihm immer wieder. Endlich gelang es aber doch – und sein Hund apportierte das Tier. Als der Hund den Hasen vor dem Baron niederlegte und dieser ihn näher betrachtete, verstand er das Rätsel: Der Hase trug auf seinem Rücken noch einmal zwei weitere

Vorder- und Hinterläufe, also vier zusätzliche Beine. Und immer, wenn er auf der einen Seite müde wurde, warf er sich auf die andere und sprang mit frischen Kräften davon.
Münchhausens eleganter, langbeiniger Jagdhund übrigens war auf seine Art ebenfalls ein wahres Wunder. Er war so eifrig, dass er sich seine Beine unter dem Bauch ablief, und zwar so weit, bis die Beine schließlich nur noch Stummel waren.
Nun konnte der Baron ihn nur noch als Dackel für die Dachsjagd gebrauchen. Aber auch im Dachsbau war der Hund unübertrefflich und so diente er ihm noch viele Jahre.

Wie Münchhausen Enten auf eine Schnur fädelte

Zum Schluss steht hier noch ein Jagdstück, das ein gutes Beispiel für den Erfindungsreichtum des Barons ist. Er kam nämlich einmal an einen See, auf dem ein Dutzend Enten schwamm. Es war aber sein Jägerpech, dass er gerade nur noch einen Schuss in der Flinte hatte. Er konnte also nicht hoffen, mehr als eine Einzige zu erlegen. Er hätte aber gern alle gehabt, denn am nächsten Tag wollte er eine große Gesellschaft bewirten.

Da erinnerte er sich daran, dass er im Besitz eines Stückchens Schinkenspeck war. Es war ihm vom Frühstück übrig geblieben. Er lobte seine Mäßigkeit und befestigte den Speck auf einer langen Hundeleine. Danach warf er den Köder in den See und wartete.

Er hatte sich nicht getäuscht: Eifrig schwamm die erste Ente herbei und verschlang den Speck. Nun, der war wohl – mit der Schnur –

reichlich unverdaulich, denn das Stück kam alsbald am anderen Ende wieder heraus. Dort schnappte die nächste Ente den Speck – und so eine nach der anderen.
Man muss sich das einmal vorstellen: Alsbald hatte Münchhausen die Enten aufgereiht auf der Leine – wie Perlen auf der Kette. Er zog sie daran an Land, hing sich seine Entenkette um den Hals und ging nach Hause. Unterwegs freilich wurde ihm das Gewicht so vieler Enten sehr schwer und er überlegte, wie er seine Lage erleichtern könnte. Da ergab sich die Lösung von selbst: Die Enten waren ja alle noch am Leben. Als sie sich nun von ihrer Verblüffung erholt hatten, schlugen sie energisch mit den Flügeln. So erhoben sie sich in die Luft und zogen den verblüfft zappelnden Münchhausen mit sich empor. Er aber war besorgt: Wohin trugen sie ihn wohl? Er benutzte seine Rockschöße als Ruder, um sie in die Nähe seines Hauses zu leiten. Es gelang auch. Nun musste er aber auch noch die Aufgabe lösen, wohlbehalten wieder hinunter auf die Erde zu kommen. Denn er wollte ja nicht in den Wolken verschwinden. Ebenso wenig mochte

er sich den Hals brechen, indem er einfach losließ und abstürzte. Er drückte deshalb einer Ente nach der anderen die Kehle zu. Sie sollten ja sowieso geschlachtet werden. So sank er ganz sanft und allmählich hinab, und zwar genau in seinen Schornstein. Zur großen Verwunderung seines Kochs landete er mitten auf dem Küchenherd. Und Münchhausen pries den Umstand, dass noch kein Feuer darin loderte, denn der wackere Küchenmeister hatte ihn so früh nicht zurückerwartet.